GUÍA ABSOLUTA PARA PRINCIPIANTES: PROGRAMACIÓN EN PYTHON

Domina la programación rápidamente con proyectos prácticos del mundo real, guía paso a paso y aprendizaje integral para todas las edades

Este libro es la edición en español de
Absolute Beginner's Guide to Python Programming

Stirling Hale

Edición en español

Copyright © 2024-2025 Wizardry Press, LLC
Todos los derechos reservados.

ISBN: 978-1-964520-02-5

Python y los logotipos de Python son marcas comerciales o marcas registradas de la Python Software Foundation, utilizadas por Wizardry Press, LLC, con permiso de la Fundación.

Lo que dicen los medios y los lectores

Nota: Todas las reseñas fueron escritas originalmente en inglés. Han sido traducidas para tu comodidad. Este libro es la **edición en español** de *Absolute Beginner's Guide to Python Programming*.

digitaltrends **Una puerta al mundo de la codificación**

"Absolute Beginner's Guide to Python Programming hace que aprender sea aún más divertido. Ofrece una experiencia inmersiva y práctica a través de proyectos del mundo real, animando a los alumnos a codificar desde el primer día en lugar de limitarse a absorber la teoría: es realmente una invitación al mundo de la codificación."

https://www.digitaltrends.com/contributor-content/absolute-beginners-guide-to-python-programming-a-gateway-to-the-world-of-coding

Perfecto para principiantes-me ayudó a pensar como un ingeniero

Compra verificada

"No fue solo un tutorial de programación, me enseñó a pensar como un ingeniero".
- **Ian Seekell**, *Director de Producto*

Empezar a hundirse o empezar a nadar

Compra verificada

"Una vez pensé que Python era abrumador, pero este libro lo ha cambiado. Ahora veo posibilidades infinitas".   - **Garrett Shearman**, *creador de contenidos.*

La programación en Python ahora es más accesible: ¡Grandson lo aprueba!

Compra verificada

"Mi nieto me dijo que es fácil de seguir y no te ahoga en jerga. Incluso me enseñó sus proyectos"
- **ShariC**, *Proud Grandparent*

⭐⭐⭐⭐⭐ **De despistado a confiado**

Compra verificada

"Este libro es como tener un mentor paciente. Los proyectos del mundo real hacen que la programación sea agradable y refuerce la confianza".   *- **Thomas Caine**, First-Time Coder*

⭐⭐⭐⭐⭐ **El mejor libro para principiantes**

Compra verificada

"Mejor que cualquier otro libro *de For Dummies* que haya leído. Incluso mi hijo adolescente me siguió, ¡y le encantó!"   *- **Lindsay**, Tech-Savvy Parent*

⭐⭐⭐⭐⭐ **Python para los aspirantes a Nerds**

Compra verificada

"Caprichoso, involuntariamente hilarante e inspirador... un delicioso rompecabezas apto para el resto de nosotros, simples mortales."   *- **Captainron042**, Verified Reviewer*

Agradecimientos

Quiero expresar mi más profundo agradecimiento a las talentosas personas que ayudaron a que este libro fuera accesible para una audiencia más amplia.

A **Shreya Thapliyal**, gracias por tu traducción al hindi, tan reflexiva y matizada. Tu dedicación y atención al detalle han hecho posible que los lectores de habla hindi puedan disfrutar y aprender con este libro. Tu trabajo no solo tradujo las palabras: capturó el corazón y el espíritu del contenido, haciéndolo accesible para muchos más futuros programadores.

A **Eduardo Sánchez Castillo**, gracias por la excelente traducción al español de este libro. Tu habilidad y compromiso aseguraron que los lectores hispanohablantes pudieran aprender Python con claridad y facilidad. Tu traducción respetó tanto la intención educativa como el entusiasmo del texto original, creando una experiencia de aprendizaje fluida e inspiradora.

Más allá de la traducción en sí, tu apoyo y amistad al inicio de este proyecto hicieron una contribución invaluable. Tu participación enriqueció enormemente el desarrollo y el alcance global de este libro.

Gracias a ambos por su esfuerzo y dedicación a este proyecto. Su trabajo no solo ha ampliado el alcance de *Absolute Beginner's Guide to Python Programming*—también ha abierto la puerta a esta increíble tecnología y al mundo de Python para personas de todo el mundo. Gracias a ustedes, ahora más personas tienen la oportunidad de explorar, crear, crecer y mejorar sus vidas—y las vidas de quienes los rodean—a través del código.

Si estás buscando una de las ediciones traducidas, las puedes encontrar aquí:

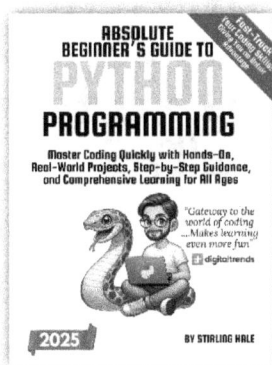

**Absolute Beginner's Guide
to Python Programming**

(Edición en inglés)

https://www.amazon.com/dp/1964520002

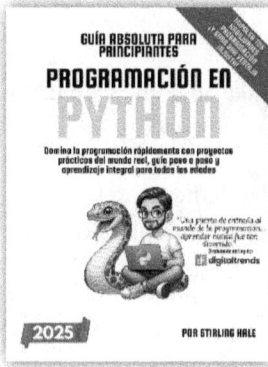

**GUÍA absoluta para principiantes
Programación en Python**

(Edición en español)

https://www.amazon.com/dp/1964520029

**Python para Iniciantes
Guía Complete a Prático**

(Edição em português do Brasil)

Próximamente

**बिल्कुल Beginners के लिए
Python Programming Guide**

(Edición en hindi)

https://www.amazon.com/dp/B0D9XRBM1C

Índice

PREFACIO - CONVERTIR LA DUDA EN HABILIDAD

Bienvenido a un viaje que comenzó en 1976, cuando un niño de secundaria acompañó a regañadientes a su padre a un laboratorio de cómputo universitario. Mi padre, en un intento desesperado por conectar con su hijo complicado, estaba tomando una clase de programación BASIC en la universidad donde trabajaba e insistió en que lo acompañara.

Para él, era un intento más por encontrar algo —lo que fuera— que despertara mi interés. Para mí, parecía una pérdida de tiempo colosal. Y, sin embargo, ahí estaba: en el salón 300 del edificio de Ingeniería Clyde se encontraba una minicomputadora Digital PDP-8 —una máquina seria con menos poder de cómputo que un reloj de pulsera moderno— que no estaba pensada para entretener, pero vaya que lo fue.

Contra todo pronóstico, descubrí que aprender podía ser emocionante y mucho más atractivo que cualquier otra cosa que hubiera hecho. Odiaba la escuela, odiaba todo… ¡pero esto me encantaba! Un año después salió al mercado la Radio Shack TRS-80 Modelo 1, y me compré una con el dinero que ganaba repartiendo periódicos. Así empezó todo para mí.

Durante muchos años, todos los libros de tecnología que leía y todas las nuevas herramientas que aprendía me parecían serias y sombrías, muy parecidas al estereotipo del programador de la época: nerds que entendían mucho mejor las computadoras que a las personas. Y yo encajaba perfectamente en ese perfil.

Sin embargo, después de décadas en el campo y muchas lecciones aprendidas a la mala, mi perspectiva cambió. Empecé a entender y a disfrutar genuinamente el contacto con la gente. Ahora, lo que más valoro de mi trabajo son las personas con las que colaboro. Este nuevo aprecio por las conexiones humanas ha enriquecido mi forma de ver la tecnología, haciéndome un mejor programador, maestro y compañero.

Este libro nace de mi convicción de que la tecnología puede ser divertida, porque aprender es, por naturaleza, divertido. En mis más de 40 años como programador profesional he conocido muchísimas tecnologías, pero Python destaca como una de las más poderosas, emocionantes y agradables de usar.

Escribir este libro ha sido uno de mis proyectos más desafiantes y, al mismo tiempo, más entretenidos. Siempre me han gustado las bromas, y las personas son el mejor tema para ellas. Así que, mientras recorres estas páginas y te sumerges en Python, ten en cuenta que este libro no fue escrito solo para enseñar, sino también para divertirte. He dejado un poco de ese espíritu travieso en estas páginas.

Espero que disfrutes aprender Python tanto como yo disfruté escribir este libro. Mi sueño es que muchos de ustedes experimenten la misma chispa de emoción que yo sentí en 1976.

Comencé mi carrera cuando la industria aún estaba en pañales, y la he visto crecer hasta convertirse en una adolescente rebelde e inmadura. Así como yo crecí en mi carrera, la industria tecnológica evolucionó rápidamente a mi alrededor. Con la llegada de la inteligencia artificial, preveo un crecimiento que eclipsará todo lo que hemos visto desde mediados de los setenta. ¡Qué momento tan emocionante para entrar en este campo!

Espero que a través de estas páginas logres vislumbrar las enormes posibilidades que nos esperan. Una carrera en tecnología no solo es gratificante en lo económico: también ofrece una calidad de vida y un nivel de satisfacción difíciles de igualar. Te encontrarás rodeado de personas innovadoras y apasionadas que hacen que cada día sea emocionante y que cada reto sea un rompecabezas por resolver.

Así que sí, ¡espero sinceramente que te contagies de la chispa! No se trata solo de aprender un lenguaje de programación: se trata de abrazar un futuro vibrante y lleno de potencial.

Python está en una posición ideal para aprovechar ese futuro, y espero que tú seas parte de él. ¿Quién sabe a dónde te pueda llevar? Te invito a unirte a este viaje en constante evolución, a aprender, innovar y quizá hasta revolucionar, mientras nos aventuramos en un futuro digital emocionante.

Al comenzar este camino en Python y en la tecnología, es importante reconocer que, como en cualquier carrera, habrá desafíos. Habrá días de avances y triunfos, en los que todo encaje y el código fluya como poesía. Pero también habrá días de frustración, en los que los errores parezcan imposibles de encontrar y las soluciones se escapen. Es un trayecto de aprendizaje y adaptación continua.

Mirando atrás, el camino no siempre ha sido fácil, ni mucho menos. Pero ha valido muchísimo la pena. Al comparar experiencias con amigos y familiares de otros campos, me doy cuenta de que me ha ido bastante bien. La satisfacción de resolver problemas complejos, la alegría de construir algo a partir de simples líneas de código y la camaradería en equipos de mentes afines han hecho que este viaje valga la pena. Como me dijo un compañero de trabajo, Blake, el otro día: "Con esta carrera realmente nos ganamos la lotería". Y Blake no hablaba de dinero.

Así que sí, la tecnología tiene sus altibajos, pero los altos suelen ser tan grandes que compensan por completo a los bajos (piénsalo como un paquete completo). Es una carrera que reta y recompensa por igual, ofreciendo un camino dinámico y gratificante para quienes deciden emprenderlo. ¡Únete, te necesitamos!

-Stirling Hale, P[4]
"Programador de Python perpetuamente perplejo"

PALABRAS DE SABIDURÍA

A menudo, el mayor obstáculo para adquirir conocimientos es la creencia de que ya los poseemos, lo que nos lleva a pasar por alto la necesidad de seguir aprendiendo.

Manténgase siempre humilde y ávido de conocimientos, o se volverá irrelevante.

Esto sí lo sé: Cuanto más sé, más sé que no sé.

No confundas la brillantez con la sabiduría. La sabiduría viene de la experiencia, no de la brillantez. Utiliza tu brillantez para adquirir experiencia y convertirte en sabio.

La definición de programador: es una máquina que convierte la pizza en código.

La vida es como un juego compuesto de puertas de oportunidad. Cada acción que hagas o dejes de hacer abrirá o cerrará puertas. El truco está en tomar las decisiones correctas para abrir las puertas que deseas y cerrar las que preferirías evitar. No hacer una elección es una elección en sí misma que cierra puertas.

Existe una gran cantidad de conocimientos que puedes adquirir. Sé paciente contigo mismo y con los demás mientras creces y lo vas adquiriendo. Todo conocimiento, grande o pequeño, se adquiere línea a línea, precepto a precepto, concepto a concepto. Un poco aquí, un poco allá. Aún no has arañado la superficie hasta que hayas adquirido gran parte de ella. Así que no te creas mucho y vuelve a aprender.

Las decisiones que tomes ahora acabarán volviéndose en tu contra. Así que, sean buenas o malas, recogerás los frutos de las decisiones que tomes. -*autor desconocido*

EL ARTE DE CAER:
EL VIAJE DE UN PROGRAMADOR HACIA LA MAESTRÍA Y EL ÉXITO

Al igual que un bebé aprende a andar, todo programador comienza su andadura entre incertidumbres y tropiezos frecuentes. Cada caída y cada contratiempo no son solo parte del proceso: son esenciales para tu crecimiento. Imagina que un bebé dejara de intentarlo tras unas cuantas caídas. Nunca descubriría la confianza y la libertad que conlleva caminar y, con el tiempo, correr.

Al igual que estos jóvenes y decididos estudiantes, cuando te enfrentes a retos en la programación — o en cualquier otra tarea — recuerda que caerse no es fracasar. Es una pausa crucial, una lección que forma parte integral del viaje hacia la competencia. Todo programador se enfrentará a momentos parecidos a una caída de caballo. La clave no está solo en reunir el valor para volver a subir, sino en tomarse un momento para reflexionar sobre por qué se produjo la caída y reconocer e incluso celebrar el crecimiento que ya has logrado.

Con demasiada frecuencia, los principiantes creen que la maestría es exclusiva de quienes tienen un talento natural. Esa es una creencia peligrosa. La habilidad no se hereda; se construye — un error, una lección, un pequeño logro a la vez. Todo gran programador que admires alguna vez fue principiante. También tropezaron con los conceptos básicos y dudaron de sus habilidades, igual que todos los demás (solo que algunos son mejores para disimularlo).

Así que, cuando vuelvas a montar, no te centres en el dolor de la caída, sino en las valiosas lecciones aprendidas. Celebrar cada lección por cada desafío es un peldaño más hacia la maestría. De hecho, convertirse en un experto no consiste en evitar las caídas, sino en aceptarlas y aprender a levantarse de ellas con una nueva perspectiva y renovada determinación.

Cuidado con el perfeccionismo. Es tentador creer que si tu trabajo no es impecable, entonces no es lo suficientemente bueno. Pero el perfeccionismo puede paralizar tu progreso. Crecer exige acción — y la acción, muchas veces, es imperfecta. Si no puedes ver el código que escribiste hace seis meses y decir: "Si lo estuviera escribiendo ahora, podría hacerlo mejor," entonces tal vez no estás creciendo.

A lo largo de este viaje, recuerda que nadie camina solo. La presencia de mentores, amigos y una comunidad de apoyo puede iluminar caminos que antes estaban ocultos y aligerar la carga de los contratiempos. Estas personas que te apoyan no son meros espectadores, sino parte activa en tu viaje, ofreciéndote orientación, ánimo y, a veces, el empujón necesario para ayudarte a avanzar. Enriquecen tu viaje, asegurando que cada paso esté guiado por la sabiduría colectiva y las experiencias compartidas.

Te apuesto a que no puedes nombrar una sola experiencia de crecimiento que no haya venido acompañada de un reto. Acepta esos retos y aprecia a quienes te ayudan a enfrentarlos, porque son los verdaderos catalizadores del desarrollo personal y profesional, ocultos a simple vista, tan esenciales como los pasos que da un bebé antes de empezar a correr.

El camino que tienes por delante no siempre será claro, y no siempre será fácil. Pero será tuyo — cada caída, cada levantada, cada logro será únicamente tuyo. Y algún día, mirarás hacia atrás y te darás cuenta de que cada tropiezo te moldeó en alguien más fuerte de lo que jamás imaginaste, caminando por un sendero que nunca habrías podido prever cuando comenzaste.

INTRODUCCIÓN

Bienvenido al mundo de la programación en Python, donde la sencillez se une a una inmensa potencia. Famoso por su sintaxis sencilla, Python es fácil de aprender para los principiantes, pero lo suficientemente robusto para el desarrollo de software complejo, por lo que es un favorito entre los aficionados y desarrolladores profesionales por igual.

¿Por qué Python?

Python es uno de los lenguajes de programación más populares en todo el mundo y es conocido por su versatilidad en diversos campos. Su sintaxis limpia y legible no solo hace que la programación sea más intuitiva, sino que también reduce la barrera de entrada para los recién llegados. Tanto si quieres hacer carrera en el mundo de la tecnología como si buscas un pasatiempo gratificante, Python te proporciona una base sólida que te servirá en el futuro.

¿Qué hace especial a Python?

- **Legibilidad y sencillez**: El código de Python se lee casi como el inglés, centrando tu atención en resolver problemas en lugar de navegar por los matices de la sintaxis.

- **Aplicaciones versátiles**: Las potentes bibliotecas y marcos de Python se adaptan a una amplia gama de aplicaciones, desde el desarrollo web con Django hasta el aprendizaje automático con TensorFlow.

- **Ejecución inmediata**: Como lenguaje interpretado, Python permite pruebas e iteraciones rápidas, ideales para la creación de prototipos y proyectos experimentales.

- **Fuerte apoyo de la comunidad**: La comunidad Python ofrece a los principiantes amplios recursos, orientación y herramientas para mejorar su viaje por la programación.

Descubriendo las aplicaciones de Python

La flexibilidad de Python lo hace inestimable en numerosos ámbitos:

- **Desarrollo** web: Python simplifica la creación de aplicaciones web utilizando frameworks o marcos de trabajo como Django, haciendo hincapié en la seguridad, la escalabilidad y la facilidad de mantenimiento.

- **Ciencia de datos e IA**: Herramientas como Pandas y TensorFlow hacen de Python un líder en la conversión de conjuntos de datos complejos en información práctica.

- **Automatización**: Python agiliza los procesos empresariales y las operaciones de red, reduciendo el esfuerzo mediante la automatización.

- **Amplio impacto**: Python destaca en la informática científica, la educación y las finanzas, demostrando su utilidad en diversos retos.

Para una exploración más profunda de las capacidades de Python, consulta el apéndice, que ofrece una lista ampliada de bibliotecas y frameworks para cada área de aplicación.

Objetivos de este libro

Esta guía pretende que pase de ser un principiante en Python a un programador competente mediante proyectos prácticos que simulan retos del mundo real:

- **Domina los conceptos fundamentales**: Consigue una sólida comprensión de los conceptos básicos de Python, esenciales para cualquier tarea de programación.

- **Participa en proyectos prácticos**: Aplica lo aprendido para consolidar tus conocimientos y habilidades.

- **Desarrolla tu capacidad para resolver problemas**: Mejora tu capacidad para abordar problemas técnicos de forma creativa y eficaz.

- **Aprende las mejores prácticas**: Adopta las mejores prácticas de programación para obtener un código limpio, eficiente y fácil de mantener.

Cómo utilizar este libro

Maximice tu aprendizaje participando activamente en el contenido:

- **Interacción práctica**: Sumérgete en cada ejemplo y proyecto para obtener una valiosa experiencia práctica.

- **Notas de Nerd**: Presta atención a las "Notas de Nerd" que profundizan en los matices de Python y en los detalles de programación para aquellos deseosos de explorar más allá de lo básico.

- **Acceso al código fuente**: Todos los archivos de los proyectos y los ejemplos están disponibles en GitHub, lo que te permitirá replicar y experimentar con el código de primera mano.

- **Diviértete**: Acepta los retos y la creatividad que permite la programación con Python. Disfruta del proceso mientras aprendes y construyes.

Al final de este viaje, no solo comprenderás Python, sino que también sabrás cómo aplicarlo de forma eficaz en diversos contextos, lo que sentará las bases para seguir explorando y desarrollando tu carrera profesional.

¿Dónde puedo encontrar el código fuente de este libro?

El código fuente completo de este libro está disponible en GitHub. Esto incluye archivos de ejercicios y soluciones completas para los proyectos de los capítulos, organizados en un repositorio con carpetas separadas para cada capítulo. No es necesario tener una cuenta en GitHub para acceder a estos archivos.

GitHub
Wizardry Press - Guía para principiantes del repositorio Python
https://github.com/wizardrypress/Beginners_Guide_To_Python

El Apéndice ofrece una introducción a los conceptos básicos de navegación por el repositorio, descarga de archivos y uso de los recursos disponibles para quienes no estén familiarizados con GitHub.

Utiliza este repositorio como complemento del libro para practicar y aplicar lo aprendido en cada capítulo.

Comentarios

Valoro sinceramente tu opinión como lector, y tus comentarios me ayudan a mejorar mi trabajo para futuras ediciones. Si tienes alguna idea, sugerencia o incluso una crítica constructiva, me encantaría conocerla. No dudes en escribirme a feedback@wizardrypress.com. Ya sea una pregunta, una nueva idea o simplemente una nota sobre lo que ha funcionado bien o no. Tu

opinión es importante y se agradece enormemente. Puedes escribir en español o en inglés—
¡ambos están bien!

Gracias por dedicar tu tiempo a compartir tus puntos de vista.

Capítulo 1: Los primeros pasos

Bienvenido a tus primeros pasos en el mundo de la programación con Python. Si estás buscando cambiar de carrera, mejorar tus habilidades, o simplemente explorar un nuevo pasatiempo, Python ofrece un mundo de posibilidades **para transformar tus ideas en** realidad a través del código. Imagina crear tus propias aplicaciones, automatizar tareas mundanas, o incluso analizar conjuntos de datos complejos. Todo esto comienza con los fundamentos que aprenderás aquí.

Python es famoso por su sencillez y legibilidad, lo que lo convierte en una excelente opción inicial para quienes se inician en la programación. Su versatilidad se celebra en todo el mundo, con profesionales que lo utilizan desde el desarrollo web hasta la inteligencia artificial, **convirtiéndolo en una de las habilidades más** demandadas en el mercado laboral tecnológico actual. Pero más allá de estas razones prácticas para aprender Python, hay un placer más profundo en la programación. Como si resolvieras un rompecabezas complejo, cada línea de código que escribes te lleva a una solución creada por tu propia lógica y creatividad.

En este capítulo, te guiaremos a través de la configuración de Python y de un entorno de desarrollo integrado (IDE, por sus siglas en inglés) en tu computadora. Ya sea que uses Windows, macOS o Linux, te tenemos cubierto. También aprenderás a escribir tu primer programa en Python. Al final de este capítulo, tendrás las herramientas configuradas y comprenderás los aspectos básicos de la sintaxis de Python, ¡y verás cómo tu primer código cobra vida!

Nota: Las páginas oficiales para descargar Python y otras herramientas están en inglés. No te preocupes—te guiaremos paso a paso para que puedas seguirlas sin problema.

Ahora sí, embarquémonos juntos en esta aventura de programación, convirtiendo la curiosidad en conocimiento y los problemas en soluciones, una línea de Python a la vez. Emprende este viaje con paciencia y persistencia, y descubrirás el gratificante proceso de aprender a programar, adquiriendo habilidades que te servirán para toda la vida.

1.1 Entendiendo el intérprete de Python

En esencia, el intérprete de Python es un programa que lee y ejecuta código en Python directamente. Piensa en él como un traductor que lee tus instrucciones de Python (el código) e inmediatamente lleva a cabo lo que le has indicado paso a paso. Este proceso ocurre cada vez que ejecutas un script de Python, y te permite ver los resultados de tu código casi instantáneamente.

NOTAS NERD   ¿Necesito saber inglés para aprender Python?

La mayoría de la documentación sobre programación está en inglés. Incluso Python usa palabras clave en inglés como if, else, print *y* True.

¿Pero este libro? Está en español — porque quiero que aprendas Python sin sentir que necesitas un diccionario inglés-español al lado del teclado.

No necesitas hablar inglés con fluidez para ser un gran programador. En todo el mundo, personas están creando proyectos increíbles con Python. Han aprendido solo el inglés necesario para entender el código... y dejan que la creatividad haga el resto.

Probablemente nunca te conozca, pero si me tomara una piña colada por cada lector hispanohablante que aprende Python con este libro...
...necesitaría una playa enorme y un hígado muy comprensivo.

¡Ahora sí — a programar!

Intérprete vs. Compilador

Para poner esto en perspectiva, comparémoslo con otra forma **común** de ejecutar lenguajes de programación, que **utiliza** un compilador:

- **Lenguajes interpretados (como Python o JavaScript):** Estos lenguajes utilizan un intérprete que recorre tu script, leyendo y ejecutando una línea a la vez. Este método suele ser más lento que los lenguajes compilados, pero ofrece más flexibilidad y facilita la depuración. Puedes hacer cambios en el código y ver sus efectos de inmediato la próxima vez que ejecutes el script.

- **Lenguajes compilados (como C, C++, C# o Java):** Los lenguajes compilados utilizan un compilador, una herramienta que primero toma todo el programa y lo transforma en código máquina, que el procesador de la **computadora** puede ejecutar directamente. Este proceso tiene lugar antes de ejecutar el programa. La ventaja es que, una vez compilado, el programa puede ejecutarse con gran rapidez y eficacia. Sin embargo, **cada vez que haces un cambio** en el código fuente, hay que recompilarlo antes de **poder ejecutarlo**, lo que puede ralentizar el proceso de desarrollo.

Python simplifica el proceso de prueba y error mediante un intérprete, lo que lo convierte en una opción excelente para principiantes y para situaciones en las que se desea escribir y probar código rápidamente. Este bucle de retroalimentación inmediata es inestimable para aprender y experimentar con nuevos conceptos de programación.

1.2 Escogiendo un IDE

En el mundo de la programación en Python, elegir el Entorno de Desarrollo Integrado (IDE) adecuado puede afectar significativamente tu productividad y diversión. El IDE ideal se convierte en tu taller digital, proporcionándote las herramientas y el entorno para crear código elegante. Para ayudarte a encontrar la opción perfecta, aquí tienes una rápida comparación de las opciones más populares:

- **Visual Studio Code (VS Code):** VS Code de Microsoft ha arrasado en el mundo de la programación. Es muy personalizable y versátil y se adapta a una amplia gama de lenguajes de programación, incluido Python. Su naturaleza ligera lo hace increíblemente rápido, ideal para quienes prefieren un enfoque minimalista. Sin embargo, para liberar todo su potencial para el desarrollo en Python, necesitarás instalar extensiones para funciones como linting, depuración y completado de código. Más adelante en este capítulo, te guiaremos en la instalación de VS Code.

- **PyCharm:** Desarrollado por JetBrains, PyCharm es a menudo considerado el estándar de oro para el desarrollo profesional de Python. Su completo conjunto de herramientas incluye completado inteligente de código, potentes capacidades de refactorización y soporte de pruebas integrado. La interfaz pulida y fácil de usar de PyCharm hace que sea fácil de navegar, incluso para proyectos complejos. Sin embargo, sus amplias características pueden hacer que consuma muchos recursos en máquinas menos potentes. Esta es mi preferencia personal. Principalmente porque uso otros IDEs de JetBrains para otros lenguajes.

- **Jupyter Notebook:** Jupyter Notebook ofrece un entorno único basado en la web que se adapta perfectamente a la ciencia y el análisis de datos. Su naturaleza interactiva permite combinar a la perfección código, visualizaciones y texto explicativo en un único documento. Esto los hace ideales para la experimentación, la enseñanza y el intercambio de resultados. Sin embargo, Jupyter Notebook puede no ser la opción más eficiente para proyectos de desarrollo de software a gran escala.

- **PyDev (Plugin de Eclipse):** PyDev aporta la potencia de Python al IDE Eclipse. Ofrece características robustas, incluyendo análisis de código, refactorización, depuración e integración con Django. Su alto grado de personalización te permite adaptar tu flujo de trabajo a la perfección. Sin embargo, si aún no estás familiarizado con Eclipse, la curva de aprendizaje puede ser pronunciada.

- **IDLE:** Incluido con el propio Python, IDLE es el IDE más sencillo de esta lista. Es perfecto para principiantes y pequeños scripts, proporcionando una interfaz sencilla y características básicas como resaltado de sintaxis y depuración. Aunque carece de las capacidades avanzadas de otros IDEs, su facilidad de uso hace que sea un gran punto de partida para los novatos en Python.

Para una comparación más detallada de estos y otros IDEs, incluyendo información sobre licencias, integración con el control de versiones, herramientas de depuración, soporte de la comunidad y documentación, consulta el Apéndice. Considerando cuidadosamente tus necesidades y preferencias específicas, puedes elegir un IDE que te permita escribir mejor código Python de forma más eficiente.

Libertad de elección

Es importante señalar que los ejemplos, ejercicios y proyectos de este libro no dependen de ningún IDE específico. Cualquier IDE listado aquí, en el Apéndice, o incluso otros no mencionados, funcionarán igualmente bien.

1.3 Primeros pasos con Visual Studio Code

Dado que esta es probablemente tu primera experiencia programando, te guiaremos a través de la instalación y configuración de Visual Studio Code para ayudarte a empezar sin problemas. Repasaremos los aspectos básicos de su uso, como la configuración del entorno de Python, la comprensión de la interfaz y la ejecución del primer script. Esta introducción paso a paso te garantizará que dispones de las herramientas necesarias para sumergirte en el apasionante mundo de la programación en Python.

Al centrarnos en Visual Studio Code, pretendemos proporcionar una base estable y flexible para tu viaje por la programación, al tiempo que te aseguramos la libertad de explorar y cambiar a otro IDE a medida que te sientas más cómodo con Python y comprendas mejor tus necesidades personales o específicas del proyecto.

1.4 Windows: Instalación de Python y VS Code

Pasos para instalar Python

1. **Abre un navegador web** y ve al sitio web oficial de Python:

   Python.org
   https://www.python.org/downloads

2. **Descarga el último instalador de Python para Windows** buscando la última versión (que es la 3.12.3 en el momento de escribir este libro)

   Looking for a specific release?

   Python releases by version number:

Release version	Release date		Click for more
Python 3.12.3	April 9, 2024	Download	Release Notes
Python 3.11.9	April 2, 2024	Download	Release Notes
Python 3.10.14	March 19, 2024	Download	Release Notes
Python 3.9.19	March 19, 2024	Download	Release Notes
Python 3.8.19	March 19, 2024	Download	Release Notes

   - La siguiente página web mostrará todo tipo de información sobre la versión que has seleccionado. Desplázate hasta la sección "**Archivos**".

   - Selecciona "**Instalador de Windows (64 bits)**" o "**Instalador de Windows (32 bits)**", el que sea adecuado para tu computadora. Si no estás seguro, empieza por "**Windows Installer (64 bits)**".

3. **Ejecuta el instalador** una vez descargado.

   - Asegúrate de marcar la casilla "**Añadir python.exe al PATH**" durante la instalación. Esto asegura que Python se añada a la variable de entorno PATH de tu sistema, facilitando la ejecución de Python desde el símbolo del sistema.

   - Pero tendrás que reiniciar tu computadora para que los cambios en el PATH surtan efecto.

4. **Sigue** las instrucciones **del asistente de instalación** y Python se instalará en tu máquina Windows.

Pasos para instalar VS Code

1. Abre tu navegador web y navega hasta el sitio web oficial de VS Code:

Microsoft
Descarga de Visual Studio Code
https://code.visualstudio.com/download

2. Descarga el último instalador de Visual Studio Code para Windows haciendo clic en el botón "x64" o "Arm64" (dependiendo de tu computadora). Esto descargará el instalador `.exe` adecuado para Windows.

3. Ejecuta el instalador una vez descargado. Ejecuta el archivo `.exe` descargado. Si Windows te lo pide, confirma que confías en la fuente de la aplicación para proceder con la instalación.

4. Sigue las instrucciones del asistente de instalación. Durante la instalación, puedes elegir opciones como añadir un icono en el escritorio, añadir acciones de "Abrir con código" en el menú contextual de archivos y registrar Visual Studio Code como editor predeterminado para los tipos de archivos compatibles.

5. Completa la instalación e inicia Visual Studio Code. Una vez completada la instalación, puedes iniciar Visual Studio Code directamente desde la última pantalla del instalador o desde el menú Inicio.

Con Visual Studio Code instalado en tu máquina Windows, puedes empezar a configurarlo instalando extensiones como la extensión Python para el desarrollo en Python. Esta extensión mejorará la experiencia de codificación proporcionando características como IntelliSense, linting y herramientas de depuración.

A continuación, ve a la sección titulada "Configuración de Visual Studio Code para el desarrollo de Python".

1.5 macOS: Instalación de Python y VS Code

Pasos para instalar Python

1. **Abre tu navegador web** y ve al sitio web oficial de Python:

Descargas de Python.org
https://www.python.org/downloads/mac-osx

2. **Descarga el último instalador de Python para macOS** haciendo clic en el enlace "Descargar el instalador de macOS X.XX".

   1. **Una vez descargado, ejecuta el instalador**. El paquete de instalación tendrá una extensión `.pkg`. Haz doble clic en él para iniciar la instalación.
   - **Sigue** las instrucciones **del asistente de instalación** y Python se instalará en tu macOS.

Pasos para instalar VS Code

1. Abre tu navegador web y ve al sitio web oficial de Visual Studio Code para acceder a la última versión:

   Microsoft
   Descarga de Visual Studio Code
   https://code.visualstudio.com/download

2. Descarga Visual Studio Code para macOS. Haz clic en el botón "Descargar para Mac". Se descargará un archivo `.zip` que contiene el instalador de Visual Studio Code.

3. Instala Visual Studio Code:

   - Una vez finalizada la descarga, abre la carpeta "Descargas" y localiza el archivo `.zip`.
   - Haz doble clic en el archivo `.zip` para extraer la aplicación.
   - Arrastra la aplicación Visual Studio Code a la carpeta 'Aplicaciones' para instalarla. Esta acción copia Visual Studio Code en las Aplicaciones, haciéndola disponible en el Launchpad.

4. Inicia Visual Studio Code:

   - Abre la carpeta "Aplicaciones" y Haz doble clic en el icono de Visual Studio Code para iniciarlo.
   - Es posible que aparezca una advertencia la primera vez que ejecutes Visual Studio Code, ya que se descarga de Internet. Haz clic en "Abrir" para continuar.

A continuación, ve a la sección titulada "Configuración de Visual Studio Code para el desarrollo de Python".

1.6 Linux: Instalación de Python y VS Code

Pasos para instalar Python

La mayoría de las distribuciones de Linux vienen con Python preinstalado. Para comprobar si Python ya está instalado en tu sistema Linux, abre un terminal y escribe:

```
python3 --version
```

Si Python 3 no está instalado, sigue estos pasos para instalarlo:

Ubuntu/Debian (incluida Raspberry Pi):

```
sudo apt update
sudo apt install python3
```

Fedora:

```
sudo dnf install python3
```

CentOS/RHEL:

```
sudo yum install python3
```

Verificación de la instalación de Python

Para verificar que Python está correctamente instalado en tu sistema, abre un terminal y escribe:

```
python3 --version
```

Debería aparecer el número de versión de Python.

1.7 Configuración de Visual Studio Code para el desarrollo en Python

Visual Studio Code (VS Code) es un IDE versátil y potente compatible con múltiples lenguajes de programación y entornos de desarrollo. Esta flexibilidad lo convierte en una herramienta inestimable para los desarrolladores que trabajan con distintas tecnologías. Sin embargo, la optimización de VS Code para el desarrollo de Python requiere una configuración específica para adaptar su entorno a las necesidades de Python.

Para empezar a programar con Python en VS Code, sigue estos pasos para asegurarse de que el editor está correctamente configurado:

1. **Instala la extensión de Python:**

    - Abre VS Code y ve a la vista Extensiones haciendo clic en el icono cuadrado de la barra lateral o pulsando `Ctrl+Mayús+X` (Windows/Linux) o `Cmd+Mayús+X` (macOS).
    - Busca la extensión oficial de Python publicada por Microsoft y haz clic en "Instalar". Esta extensión añade soporte enriquecido para el lenguaje Python, incluyendo características como IntelliSense, linting, depuración, navegación de código, formateo de código, refactorización y más.

2. **Selecciona el intérprete de Python:**

- Una vez instalada la extensión de Python, puedes seleccionar qué intérprete de Python utilizar. Para ello, abre la paleta de comandos pulsando `Ctrl+Mayús+P` (Windows/Linux) o `Cmd+Mayús+P` (macOS), escribe 'Python: Select Interpreter' y pulsa Intro.
- Elige el intérprete que deseas utilizar de la lista. Si tienes varias versiones de Python instaladas o utilizas un entorno virtual, puedes especificar cuál debe utilizar VS Code para tu proyecto.

3. **Configurar el terminal integrado (opcional)**:

   - Visual Studio Code tiene un terminal integrado que puede utilizarse para ejecutar comandos directamente dentro del editor. Para abrirlo, selecciona `Ver > Terminal` o utiliza el atajo de teclado `Ctrl+`` (comilla invertida).
   - Configura el intérprete de comandos predeterminado haciendo clic en el menú desplegable de la ventana del terminal y seleccionando "Seleccionar intérprete de comandos predeterminado".

4. **Configurar la integración del control de versiones**:

   - Todo el código fuente de este libro puede descargarse de GitHub, que se integra perfectamente con Visual Studio Code a través de Git.

   GitHub
   Wizardry Press - Guía para principiantes del repositorio Python
   https://github.com/wizardrypress/Beginners_Guide_To_Python

   - Visual Studio Code es compatible con Git desde el primer momento. Para configurar Git, ve al menú Control de código fuente (el icono de la rama en la barra lateral), donde podrás inicializar repositorios, confirmar cambios y enviar o recibir archivos de repositorios remotos.
   - Asegúrate de que Git está instalado en su sistema y configurado correctamente en los ajustes de Visual Studio Code para enlazar con tus repositorios.

5. **Personalizar espacios de trabajo**:

   - Los espacios de trabajo en Visual Studio Code permiten organizar y guardar la configuración del proyecto y las configuraciones de depuración. Para crear un nuevo espacio de trabajo, selecciona `Archivo > Guardar espacio de trabajo como...` y especifica la carpeta y la configuración del espacio de trabajo según las necesidades de tu proyecto.

6. **Aprende atajos útiles:**

   - Para aumentar la productividad, familiarízate con los métodos abreviados de Visual Studio Code. Accede a la lista de métodos abreviados seleccionando `Ayuda`

> Referencia de métodos abreviados de teclado o buscando acciones específicas en la paleta de comandos (`Cmd+Shift+P` en macOS, `Ctrl+Shift+P` en Windows/Linux).

7. **Explora las características adicionales:**

- Tómate tu tiempo para explorar funciones como las herramientas de depuración, las funciones de uso compartido en directo para la codificación colaborativa y la posibilidad de conectarse a entornos de desarrollo remotos directamente desde Visual Studio Code.

Siguiendo estos pasos, puedes optimizar Visual Studio Code para adaptarlo a tu estilo de desarrollo y a los requisitos de tu proyecto. Esta configuración garantiza que dispongas de una herramienta potente y personalizada, lista para abordar cualquier tarea de programación de forma eficaz.

1.8 El clásico "¡Hola, mundo!"

Ya tienes listo tu entorno Python y es hora de darle un buen uso. Escribir tu primer script en Python es un rito de iniciación, similar al de un músico que escribe su primera canción o al de un chef que crea su primer plato. Es tu introducción al mundo de la programación, un mundo en el que te comunicas con tu computadora y le ordenas que realice tareas grandes y pequeñas. Vamos a ponernos manos a la obra.

¿Qué es un programa o guion?

En el ámbito digital, un script actúa como un conjunto de instrucciones para tu computadora, como un libro de jugadas en los deportes. Es un archivo lleno de comandos que le dicen a tu computadora exactamente qué hacer, desde mostrar texto hasta realizar operaciones de datos complejas. Piensa en un script de Python como una receta en la que cada línea de código añade un nuevo sabor, haciéndolo no solo apetecible para la computadora sino también legible y sencillo para los humanos. Esta claridad es la razón por la que Python es la mejor elección para tareas de automatización como el envío de correos electrónicos, el rastreo de sitios web o la gestión de archivos.

Primeros pasos con Visual Studio Code (VS Code)

VS Code es más que un editor de texto: es un entorno robusto equipado con funciones de depuración, ejecución de tareas y control de versiones, esenciales tanto para desarrolladores noveles como experimentados.

1. **Inicio de *Visual* Studio Code:**

Inicia VS Code desde el acceso directo del escritorio, el menú Inicio o la carpeta Aplicaciones.

2. **Creación de un nuevo archivo Python:**

   Haz clic en el icono "Nuevo archivo" y guarda el archivo con una extensión `.py`, como `hola.py`. Esta extensión indica que el archivo es un script de Python.

3. **Escribir su primer código Python:**

   En tu nuevo archivo, introduzca la siguiente línea de código:

```python
print("¡Hola, mundo Python!")
```

Esta línea indica a Python que utiliza la función `print()` para mostrar el mensaje "¡Hola, mundo Python!" en la consola.

Ejecutar el script de Python

Para ejecutar su script en VS Code:

1. Abre el terminal integrado seleccionando `Ver > Terminal` en el menú superior o pulsando `Ctrl+` ` (retroceso).

2. Escribe `python hola.py` y pulsa Intro. Deberías ver aparecer "¡Hola, mundo Python!" en el terminal, confirmando que tu script funciona como esperabas.

Comprender la función `print()`

La función `print()` es fundamental en Python, ya que es el método principal para enviar datos a la consola. Es la forma en que puedes comunicar resultados o mensajes de tu código. Ya sea que estés mostrando cadenas, números o resultados de cálculos, `print()` es tu opción:

```python
print("¡Hola, mundo!")    # Muestra una cadena
print(2 + 3)              # Calcula y muestra la suma, mostrando '5'
```

Uso de caracteres de escape

Para mejorar el formato de la salida, Python proporciona caracteres de escape:

```python
print("¡Hola Mundo!\n\tEste es un ejemplo de una nueva línea y un tabulador.")
```

Este script demuestra `\n` para una nueva línea y `\t` para un tabulador, organizando la salida como:

```
¡Hola Mundo!    Este es un ejemplo de una nueva línea y un tabulador.
```

Secuencias de escape comunes incluyen:

Secuencia de escape	Descripción
\'	**Comilla** simple - Muestra una comilla simple dentro de cadenas entre comillas simples.
\"	**Comilla** doble - Muestra una comilla doble dentro de las cadenas entre comillas dobles.
\\	**Barra** invertida - Muestra una barra invertida.
\b	**Retroceso** - Mueve el cursor un espacio hacia atrás.
\n	**Nueva línea** - Pasa a la línea siguiente.

Esta visión general te introduzca a la programación de scripts con Python, desde la escritura de mensajes sencillos hasta el control del formato y la visualización del texto. Sumérgete, experimenta y empieza a crear tus propios scripts.

1.9 Ejecutar un script

Ahora que estás familiarizado con lo que son los scripts y has conocido la función `print()`, es hora de escribir y ejecutar tu primer script en Python. Abre el editor de texto o IDE que hayas elegido, y creemos un nuevo archivo. Nómbralo algo simple como `hola.py`-la extensión `.py` indica a tu computadora que se trata de un script Python.

En este archivo, escribe la siguiente línea:

```
print("¡Hola, mundo!")
```

Guarda el archivo. Ahora, navega a tu terminal o símbolo del sistema, asegurándote de que estás en el mismo directorio que tu archivo `hello.py`. Escribe `python hola.py` y pulsa intro. Si todo se ha configurado correctamente, deberías ver el mensaje `¡Hola, mundo!` impreso en la pantalla. Enhorabuena, acabas de escribir y ejecutar tu primer script en Python.

Desde escribir código en un editor de texto hasta verlo ejecutarse en tu terminal, este proceso es la columna vertebral de la programación en Python. Puede parecer un pequeño paso, pero es un salto gigante en tu aventura de codificación. Todo programa, aplicación o sistema complejo comienza con simples líneas de código como éstas.

1.10 Obtener información del usuario

Python hace que sea sencillo pedir al usuario que introduzca datos y almacenarlos en una variable para su uso posterior. La función `input()` pausa el programa y espera a que el usuario escribe algo en la consola y pulse Intro.

Vamos a crear un script que pregunte el nombre del usuario y luego le salude. Abre tu editor de texto o IDE y crea un nuevo archivo llamado `saludar.py`. Escribe las siguientes líneas:

```
nombre = input("¿Cuál es tu nombre? ")
print("¡Hola, " + nombre + "!")
```

En la primera línea, utilizamos la función `input()` con un argumento de cadena. Esta cadena se muestra al usuario como una pregunta: "`¿Cuál es st nombre?`" Lo que el usuario escribe en respuesta a esta pregunta se almacena en la variable `nombre`.

1.11 Visualización de la salida

La segunda línea del script construye un mensaje de saludo concatenando cadenas y la entrada del usuario, y luego muestra este mensaje usando la función `print()`. Aquí, estamos utilizando el operador + para concatenar, o combinar, las cadenas "Hola, ", la entrada del usuario almacenada en `nombre_usuario`, y "!" en una sola cadena que `print()` muestra a continuación.

1.12 Resumen del capítulo

Al terminar el Capítulo 1, has dado algunos primeros pasos monumentales en tu viaje por la programación en Python. Has sentado las bases entendiendo el intérprete de Python y el papel de un IDE, configurando tu entorno de programación y ejecutando tu primer script Python. Estas habilidades fundamentales son los primeroa peldaños en el vasto mundo de la programación con Python.

Al instalar Python y configurar tu IDE, esencialmente has preparado tu lienzo, listo para pintar con los trazos gruesos de la sintaxis y funcionalidades de Python. El sencillo pero icónico programa "¡Hola, mundo!" marca no solo el comienzo de la trayectoria de muchos programadores, sino también la puerta de entrada a las infinitas posibilidades que ofrece la programación en Python.

Capítulo 2: Los fundamentos de Python

Imagina que vas a construir una casa. Antes de que puedas empezar con las paredes o el tejado, necesitas unos cimientos sólidos. Los cimientos de Python se construyen con variables, tipos de datos y estructuras de control. Estos elementos esenciales te permiten almacenar y manipular datos, formatear tu salida y tomar decisiones dentro de tus programas. Al igual que una casa sin cimientos fuertes es propensa a derrumbarse, tus proyectos Python tendrán dificultades sin un buen conocimiento de estos fundamentos. Arremángate las mangas y empecemos a poner los primeros ladrillos de tu conocimiento de Python, asegurándonos de que todo lo que construyamos encima sea sólido y seguro.

2.1 Variables y tipos de datos: Los bloques de construcción

Ahora, vamos a sumergirnos en el meollo de las variables y los tipos de datos, los bloques de construcción que te ayudarán a estructurar y almacenar datos en tus proyectos con Python. Piensa en esto como poner los cimientos de tu casa. Sin unos cimientos fuertes, todo lo que intentes construir encima tendrá dificultades para mantenerse en pie.

Declaración y asignación

En Python, crear una variable es tan sencillo como decirle tu nombre a un amigo. Solo necesitas asignar un valor a un nombre y, *voilà*, has declarado una variable. Python utiliza un sistema de tipado dinámico, lo que significa que no tienes que declarar explícitamente el tipo de datos que representa tu variable; Python lo deduce basándose en el valor que asignas.

He aquí un ejemplo rápido:

```
numero_favorito = 26
```

En esta línea, `numero_favorito` es ahora una variable que contiene el valor 26. Acabas de decirle a Python: "Oye, cada vez que diga `numero_favorito`, me estoy refiriendo a 26.

Nota al margen: Este es un programa basado en hechos reales. 26 es mi número favorito porque, a los 26 años, obtienes el mayor descuento en el seguro de coche (en Estados Unidos). A partir de ahí, ¡todo son dolores y molestias!

Tipos de datos primitivos

Los tipos de datos son esencialmente categorías para tus datos. Python organiza los datos en tipos como enteros, flotantes, cadenas de texto y booleanos.

- **Los números enteros** son números positivos o negativos, sin punto decimal. Por ejemplo, 10 o -3.

- **Los números flotantes** son números decimales, lo que significa que tienen un punto decimal. Como 0.001 o 10.7 o para almacenar π (Pi) 3.1415926535

- **Las cadenas de texto** son secuencias de caracteres utilizadas para texto. Van entre comillas, como "hola" o '¡Python es divertido!'.

- **Los booleanos** representan valores de verdad y pueden ser True o False.

Otros tipos de datos son las listas, los diccionarios, los conjuntos y los bytes, que trataremos en detalle más adelante en este libro.

Conversión de tipos

A veces, es necesario transformar datos de un tipo a otro, como convertir una cadena de texto en un número entero para realizar operaciones aritméticas. Esto se conoce como conversión de tipos o casting. Python proporciona funciones integradas para este propósito: `int()`, `float()` y `str()`, entre otras.

Imagina que estás creando una aplicación sencilla que pregunta la edad de un usuario y luego calcula cuántos años tendrá dentro de cinco años. La entrada del usuario es una cadena, así que tendrás que convertirla en un número entero antes de hacer los cálculos:

```
age_now = input("¿Cuántos años tienes?")
age_in_five_years = int(age_now) + 5
print(f"Dentro de cinco años, tendrás {age_in_five_years} años.")
```

Al comprender y utilizar la conversión de tipos, te aseguras de que tus datos estén en el formato adecuado para la tarea que estás realizando.

La última línea introduzca las F-String sin explicación. A continuación, exploremos dos poderosas formas de dar formato a la salida: las F-Strings y el método format().

2.2 Cadena Formateo en Python: F-Strings y el método `format()`

Python ofrece varias formas de formatear cadenas, facilitando la integración de variables y expresiones dentro del texto. Dos métodos populares son f-strings, introducido en Python 3.6, y el método `format()`.

F-String

F-String, o cadenas de texto con formato, permiten la inclusión directa de expresiones dentro de cadenas de texto utilizando llaves { }. Estas expresiones se evalúan en tiempo de ejecución, lo que simplifica el proceso de formateo de cadenas:

```
age_in_five_years = 25
print(f"Dentro de cinco años, tendrás {age_in_five_years} años.")
# Salida: En cinco años, tendrás 25 años.
```

F-String destaca en el formateo de flotantes al incluir dos puntos : seguidos de un especificador de formato dentro de las llaves, lo que permite un control preciso de las visualizaciones numéricas:

```
temperatura = 23.45678
print(f"La temperatura actual es de {temperatura:.2f}°C.")
# Salida: La temperatura actual es de 23.46°C.
```

En este ejemplo, con {temperatura:.2f} estamos indicando a Python que muestre un valor float encontrado en temperatura, con 2 decimales. Observa que también redondea hacia arriba.

El método `format()`

Antes de que se introdujeran las F-String, el método `format()` se utilizaba habitualmente para dar formato a las cadenas. Sustituye los marcadores de posición definidos por llaves { } por los valores especificados en la llamada al método:

```
name = "Sophia
age = 30
print("Hola, {0}. Tienes {1} años.".format(name, age))
# Salida: Hola, Sophia. Tienes 30 años.
```

El método `format()` es versátil y admite varias opciones de formato, incluidos argumentos posicionales y de palabra clave:

2. **Argumentos posicionales**: Los números dentro de las llaves se refieren a la posición de los argumentos proporcionados en el método `format()`, comenzando desde 0 (cero).

   - **Argumentos de palabra clave**: También se pueden utilizar marcadores de posición con nombre, lo que hace que el código sea más legible:

```
print("Hola, {name}. Tienes {age} años.".format(name="Sophia", age=30))
# Salida: Hola, Sophia. Tienes 30 años.
```

   - **Formato de números con punto decimal**: El especificador de formato `{:.2f}` se utiliza para dar formato a números con punto decimal con dos decimales:

```
temperatura = 23.45678
print("La temperatura actual es de {:.2f}°C.".format(temperatura))
# Salida: La temperatura actual es de 23.46°C.
```

Aquí, la variable temperatura se formatea para mostrar solo dos decimales (23.46), y el número se redondea al valor más próximo.

Más ejemplos de formateo con format()

1. **Alinear texto**: Puede alinear el texto utilizando < (izquierda), > (derecha) o ^ (centro) dentro de un ancho especificado:

```
print("Alineado a la izquierda: |{:<15}|".format("manzana"))
# Alineado a la izquierda: |manzana        |
print("Alineado a la derecha: |{:>15}|".format("manzana"))
# Salida: Alineado a la derecha: |        manzana|

print("Centrado alineado:|{:^15}|".format("manzana"))
# Salida: Centrado alineado:|    manzana    |
```

2. **Formato de números con comas**: Añadir comas para separadores de miles:

```
numero = 1234567
print("Número con comas: {:,}".format(number))
# Salida: Número con comas: 1,234,567
```

3. **Formatear números con comas y decimales**: Formateo de un número con comas y dos decimales:

```
numero = 12345.674
print("Número con comas y dos decimales: {:,.2f}".format(number))
# Salida: Número con comas y dos decimales: 12,345.67
```

4. **Rellenar** números con **ceros**: Puede rellenar números con ceros para asegurarse de que tienen una anchura determinada:

```
print("Relleno de ceros: {:05d}".format(42))
# Salida: Relleno de ceros: 00042
```

NOTAS NERD   Comas, puntos y choques culturales

La mayoría de las personas no piensan en el formato de números... hasta que ven una coma donde debería haber un punto—y entonces comienza el caos.

De forma predeterminada, Python usa el formato de números de EE.UU.: comas para separar miles y puntos para los decimales. Si en tu país se usa el formato contrario—como 1.234,56 en lugar de 1,234.56—el resultado puede parecerte extraño.

*Por suerte, Python te permite **formatear los números a tu manera** usando el módulo locale:*

```
import locale
locale.setlocale(locale.LC_ALL, 'es_MX.UTF-8')  # Usa el código de tu región
numero = 1234567
print("Formateado: {:n}".format(numero))
# Salida: 1.234.567
```

♥ Tip: Si aparece un error, intenta con `locale.setlocale(locale.LC_ALL, '')` *para usar la configuración predeterminada del sistema. En macOS o Linux, ejecuta* `locale -a` *en la terminal para ver las opciones disponibles.*

Elección entre F-String y `format()`

La elección entre f-strings y el método `.format()` a menudo se reduce a preferencias personales o requisitos específicos del proyecto. Ambas opciones son válidas, pero he aquí algunos factores a tener en cuenta:

- **Legibilidad y concisión:** F-String suele ofrecer una sintaxis más concisa e intuitiva, lo que lo convierte en una opción popular para muchos desarrolladores.

- **Compatibilidad:** El método `.format()` es valioso para proyectos que necesitan soportar versiones antiguas de Python.

- **Formato dinámico:** En escenarios donde la propia cadena de formato necesita ser construida dinámicamente, el método `.format()` podría ser más adecuado debido a su clara separación de la plantilla de formato de los datos que se insertan.

Depuración

Tanto F-String como el método `format()` pueden utilizarse eficazmente para la depuración. F-String tiene la ventaja del especificador = , que simplifica la depuración al incluir automáticamente tanto los nombres de las variables como sus valores:

```
count = 10
print(f"{count=}")          # Salida: count=10
```

Tanto si eliges f-strings por su simplicidad y legibilidad o el método `format()` por su flexibilidad y compatibilidad, las capacidades de formateo de cadenas de Python mejoran enormemente la claridad y la capacidad de mantenimiento del código. Entender cómo y cuándo usar estas herramientas es esencial para una programación eficaz en Python.

2.3 Reglas para nombrar variables

Al trabajar con variables en Python, es esencial seguir un conjunto de reglas conocidas como *reglas para identificadores*. Estas reglas aseguran que tu código sea válido, legible y fácil de mantener. Vamos a explorarlas:

Debe comenzar con una letra o un guion bajo

El nombre de una variable debe comenzar con una letra (a-z, A-Z) o un guion bajo (_). No puede empezar con un número, ya que Python necesita diferenciar entre variables y números.

```
valid_variable = 10
_valid_variable = 20
```

Ejemplos inválidos:

```
1st_variable = 30 # Comienza con un número (Inválido)
```

Usa letras, números y guiones bajos

Después del primer carácter, un nombre de variable puede incluir letras, números y guiones bajos. Python permite una amplia variedad de nombres, pero es importante elegir nombres significativos.

```
nombre = "Alicia"
nombre1 = "Benjamín"
nombre_2 = "Carlos"
```

Ejemplos inválidos:

```
nombre-usuario = "Alicia"      # Los guiones no están permitidos (Inválido)
nombre usuario = "Benjamín"    # Los espacios no están permitidos (Inválido)
```

Sensibilidad a mayúsculas y minúsculas

Python distingue entre mayúsculas y minúsculas. Es decir, Variable, variable y VARIABLE se consideran tres identificadores distintos.

```
Variable = 100
variable = 200
VARIABLE = 300
```

Estas son variables distintas, así que pon atención al uso de mayúsculas y minúsculas al nombrar.

Evita palabras clave de Python

Python tiene un conjunto de palabras reservadas conocidas como *keywords*, que tienen un significado especial dentro del lenguaje. No puedes usarlas como nombres de variables. Ejemplos incluyen if, else, while, for, class y def.

```
# Ejemplo inválido:
class = "Python Avanzado"        # 'class' es una palabra clave (Inválido)
```

Para ver la lista de palabras clave en tu versión de Python:

```
import keyword
print(keyword.kwlist)
```

Usa con cuidado los caracteres que no están en inglés

Python es flexible: permite usar letras de otros idiomas en los nombres de las variables, e incluso símbolos matemáticos como π. Esto significa que puedes escribir código usando español, hindi u otros idiomas.

```
año_de_nacimiento = 1995  # Variable en español que incluye la letra 'ñ'
नाम = "अर्जुन"              # Hindi para 'nombre'
π = 3.1415926535
```

Esto puede ser útil en proyectos personales o entornos educativos, o si trabajas con personas que hablan tu mismo idioma. Hace que tu código se sienta más natural y accesible.

Sin embargo, en el mundo profesional de la programación, se considera **una buena práctica usar identificadores en inglés**. Aquí te explicamos por qué:

- La mayoría de los lenguajes de programación, bibliotecas y documentación están en inglés

- Los identificadores en inglés son más fáciles de entender en equipos internacionales

- El código en inglés es más fácil de compartir, mantener y mejorar en colaboración

Por eso, aunque Python te permite usar tu idioma, este libro sigue el estándar global de usar nombres de variables y funciones en inglés. Enseñamos desde el principio las mejores prácticas para prepararte mejor y aumentar tus posibilidades de éxito.

NOTAS NERD ¿Por qué las variables están en español?

Python "habla" inglés. Sus palabras clave—como print(), if e input()—tienen que escribirse en inglés. No hay forma de evitarlo.

*Pero los nombres que tú inventas—como los de las variables, funciones y otros elementos en tu código—se llaman **identificadores**, y pueden estar en cualquier idioma.*

*En este libro, decidí usar **identificadores en español**, como nombre_usuario en lugar de user_name. ¿Por qué? Porque estás aquí para aprender Python, no inglés. Tratar de aprender ambos al mismo tiempo puede ser demasiado.*

Eso sí, ten en cuenta que lo más común (y considerado una buena práctica) es usar identificadores en inglés. Por eso la mayoría de los libros de "nerds" que leas probablemente seguirán esa convención.

A lo largo del camino verás algo de inglés—en mensajes de error, funciones integradas o documentación—y probablemente irás aprendiendo un poco sin darte cuenta. Pero eso es solo un bono, no el objetivo.

Evita los identificadores tipo"Guerra y Paz": Sé descriptivo pero conciso

Aunque Python permite nombres de variables largos, lo ideal es que sean **concisos pero suficientemente descriptivos** para dejar claro su propósito. Esto mejora la legibilidad del código y facilita su mantenimiento.

Python no te impedirá escribir algo como:

```
total_a_pagar_despues_de_aplicar_todos_los_descuentos_y_creditos_posibles = 250.75
```

…pero eso no significa que *debamos* hacerlo.

En una empresa donde trabajé, llamábamos en broma a estos identificadores tipo "Guerra y Paz"—una referencia a la famosamente extensa novela de León Tolstói: densa, dramática y con casi 600 personajes. Estos nombres eran tan largos que prácticamente necesitabas un separador de páginas y un par de descansos para terminar de leerlos.

En lugar de eso, algo como esto funciona mejor:

```
monto_total = 250.75
importe_final = 250.75
total_con_descuento = 250.75
```

Siguen siendo nombres significativos, pero mucho más legibles y fáciles de manejar.

Y claro, nombres demasiado cortos—como tp—tampoco ayudan mucho. El objetivo es encontrar el punto medio: un nombre claro, útil, pero que no sea una tortura al escribir o leer. Un buen nombre de variable cuenta una historia... pero no debería sentirse como leer una novela.

Usa guiones bajos para mejorar la legibilidad

Para nombres de variables con varias palabras, Python utiliza guiones bajos para separar cada palabra. Este estilo se llama **snake_case** y es la convención recomendada por la guía oficial de estilo de Python: **PEP 8**.

```
# Buen Ejemplo:
nombre_de_pila = "Pedro"

# Ejemplo Menos Lejible:
apellidopaterno = "Pedro"
```

Es posible que hayas visto otros estilos como camelCase o PascalCase en lenguajes como JavaScript o Java. En Python, usamos snake_case para los nombres de variables y funciones—no porque sea objetivamente mejor, sino porque es el estándar de la comunidad. Y en programación, **la consistencia es una de las prácticas más importantes** sin importar el lenguaje. Seguir esta convención hace que tu código sea más legible para otros programadores de Python y esté alineado con las buenas prácticas.

Al seguir estas reglas, escribirás código Python que no solo es válido, sino también claro y fácil de mantener. Ya sea que estés usando inglés, español, spanglish o incluso símbolos matemáticos como π, los nombres bien elegidos hacen que tus programas sean más fáciles de leer, entender y depurar—lo cual es una parte fundamental para convertirte en un programador eficaz.

2.4 Comprender la inmutabilidad

Algunos tipos de datos en Python son inmutables, lo que significa que una vez creados, su contenido no puede ser cambiado. Las cadenas son un ejemplo clásico de un tipo inmutable. Cuando piensas que estás modificando una cadena, estás creando una nueva cadena con los cambios.

Esto puede sonar como una rareza, pero es por diseño. La inmutabilidad tiene varios beneficios, incluyendo una depuración más fácil y la optimización por Python bajo el capó. He aquí una ilustración rápida:

```
cadena_original = "gato"
cadena_modificada = cadena_original + "s"
```

Lo que ocurre aquí es que a `cadena_original` no se le añade una "s". En su lugar, `cadena_modificada` es una cadena totalmente nueva que combina `cadena_original` y "s". Entender este comportamiento es clave, sobre todo cuando se empiezan a manipular datos de forma más compleja.

Las variables y los tipos de datos son el alfabeto del lenguaje Python. El dominio de estos conceptos básicos establece una base sólida para tus proyectos de programación, permitiéndote comunicarte con tu computadora de forma efectiva y escribir programas que resuelvan problemas del mundo real. A medida que te sientas más cómodo con estos conceptos, descubrirás que son los peldaños para comprender características y funcionalidades más complejas de Python.

2.5 Comentarios: La anotación de tu código

A medida que pasamos de comprender los bloques de construcción de Python a tomar decisiones en nuestro código con estructuras de control, dediquemos un momento a discutir un aspecto clave para escribir código limpio y comprensible: los comentarios.

Los comentarios son como notas para ti mismo y para otros que lean tu código, explicando qué hace el código y por qué se tomaron ciertas decisiones. Python admite comentarios de una sola línea, iniciados con el símbolo #, y comentarios de varias líneas, que pueden crearse utilizando comillas triples (''' o """).

```
# Esto es un comentario de una sola línea

"""
se trata un
comentario
"""
```

A medida que nos adentramos en conceptos más complejos, como las estructuras de control, la posibilidad de anotar el código con comentarios adquiere un valor incalculable. Te ayuda a mantener un registro de tu proceso de pensamiento y hace que tu código sea más accesible para los demás.

Buenas prácticas para los comentarios en Python

1. **Claridad antes que cantidad**: Escribe comentarios que aclaren las partes complejas del código; evita decir lo obvio. Los buenos comentarios explican el "por qué" de un bloque de código, no solo el "qué".

2. **Mantente al día**: Asegúrate de que los comentarios y el código que describen están actualizados. Los comentarios desactualizados pueden ser más engañosos que la ausencia de comentarios.

3. **Evita los comentarios redundantes**: No repitas lo que ya es obvio en el código. Por ejemplo, evita comentarios como x = x + 1 # Incrementa x.

4. **Utiliza los comentarios en línea con moderación**: Los comentarios en línea se colocan en la misma línea que una sentencia. Deben utilizarse con moderación y solo cuando contribuyan significativamente a la comprensión del código.

```
Total = sum(values)    # Suma de valores en una lista
```

5. **Mantén los comentarios cerca del código relevante**: Coloca los comentarios cerca de la parte del código que explican. De este modo, al lector le resultará más fácil entender el contexto del comentario sin tener que saltar de un archivo a otro.

6. **Comenta los bloques de código si es necesario**: Cuando varias líneas de código trabajan juntas para lograr un propósito, considera añadir un comentario al principio del bloque para explicar su función general.

7. **Explica algoritmos o decisiones complejas**: Si tu código utiliza un algoritmo complejo o si hay una razón específica para tomar una decisión no obvia, documéntalo.

8. **Utiliza comentarios TODO para marcar mejoras**: En programación, es común dejar comentarios con la palabra TODO, que viene del inglés "to do" (cosas por hacer), para señalar tareas pendientes.

```
# TODO: Optimizar esta función para conjuntos de datos más grandes
```

⚠️□ *No debe confundirse con la palabra "**todo**" en español*. Puedes usar estos comentarios para recordar mejoras, ideas futuras o funciones que aún no has implementado.

Durante mucho tiempo, el mundo del software empujó a cargar tu código con comentarios: "Los comentarios son geniales; ponlos en todas partes". Pero lo que hemos descubierto es que los comentarios se vuelven obsoletos, lo que significa que el código se actualiza, pero los comentarios no. Esto causa mucha confusión, lo que puede introducir errores en el código.

Existe un poderoso concepto llamado "código autodocumentado". Este concepto afirma que el código está escrito de una manera tan clara que resulta obvio lo que está haciendo. Este concepto se utiliza con los comentarios; no los sustituye.

Gran parte del código de este libro estará "excesivamente" comentado para ayudarte a entender lo que está haciendo. Normalmente, esta no es la norma en el código de producción. Por ahora, documéntate para ayudarte a aprender. Más adelante, en el apéndice, hablaremos sobre el código autodocumentado y cómo aplicarlo.

2.6 Estructuras de control: Toma de decisiones en el código

Imagínate en una encrucijada en un bosque encantador, donde cada camino lleva a una aventura diferente. En tu código Python, a menudo necesitas tomar decisiones basadas en datos o cálculos que cambiarán el camino de tu código. Aquí es donde las estructuras de control entran en juego, actuando como el corazón de toma de decisiones de tu código. Ayudan a tu programa a decidir qué operaciones realizar basándose en ciertas condiciones, haciendo tu código más inteligente y dinámico.

La Tierra es plana - Declaraciones condicionales

Tomemos un ejemplo de la documentación oficial de Python (*usando el intérprete de Python, 2025* [https://docs.python.org/3/tutorial/interpreter.html]) que demuestra un uso simple de una variable booleana y una sentencia `if`:

```
la_tierra_es_plana = True
if la_tierra_es_plana:
    print("¡Ten cuidado de no caerte!")
```

Como `la_tierra_es_plana` es verdadera, saldrá `¡Ten cuidado de no caerte!`

No soy partidario de que la Tierra sea plana. Pero si por casualidad me equivoco, este programa ofrece un importante consejo de seguridad.

Tal vez veas este código y pienses: *"¡Está fácil, ya lo entendí!"* Pero en la siguiente sección, vamos a ver un par de detalles importantes que podrías haber pasado por alto.

2.7 Comprender la sintaxis de Python : Sangría y los dos puntos

La sintaxis en cualquier lenguaje de programación es como la gramática en un lenguaje hablado; es un conjunto de reglas que gobiernan cómo se juntan las palabras y las frases para formar oraciones con sentido. En Python, la sintaxis juega un papel crucial en la estructura y ejecución del código. Dos aspectos fundamentales de la sintaxis de Python que los principiantes deben entender son **la sangría** y el uso de los **dos puntos (:)**.

La sangría importa

En Python, los espacios en blanco no son solo para facilitar la lectura; son parte de la sintaxis. La sangría indica que un bloque de código está unido. A diferencia de muchos otros lenguajes de programación que usan llaves `{}` para definir un bloque de código, Python usa niveles de sangría. Esto significa que todo el código alineado al mismo nivel de sangría se considera parte del mismo bloque.

31

```
# Sangría correcta
if la_tierra_es_plana:
    print("¡Ten cuidado de no caerte!")  # Esta línea pertenece al bloque if

# Sangría incorrecta
if la_tierra_es_plana:
print("¡Ten cuidado de no caerte!")  # IndentationError: expected an indented block
```

Errores de sintaxis y buenas prácticas

Si no se respetan las reglas sintácticas, se producen errores de sintaxis. Para evitar estos errores:

- Utiliza cuatro espacios por nivel de indentación, según PEP 8, la guía de estilo de Python.

- No mezcles tabuladores y espacios, ya que puede dar lugar a errores de confusión.

- Utiliza un IDE o editor de texto que muestre caracteres de espacio en blanco y esté configurado para insertar espacios cuando se pulse la tecla Tabulador.

NOTAS NERD PEP 8: Porque escribir código feo debería ser delito

¿Qué es la PEP 8? Es la guía de estilo oficial de Python, esencial para escribir código limpio y legible. Detalla cómo dar formato al código Python, haciendo hincapié en la legibilidad y la coherencia en toda la comunidad Python.

Importancia de los estilos de codificación:
- *Legibilidad:* Facilita la lectura y comprensión del código.
- *Mantenimiento:* Un estilo coherente ayuda a mantener y actualizar el código de forma eficiente.
- *Integración comunitaria:* La adhesión a normas comunes permite una mejor colaboración y contribución a los proyectos públicos.

Más información: El análisis detallado del Apéndice profundiza en las normas y buenas prácticas del PEP 8.

Practicar la sintaxis

La mejor manera de sentirse cómodo con la sintaxis de Python es a través de la práctica. Escribe pequeños scripts, usa el modo interactivo de Python o utiliza intérpretes en línea para obtener información inmediata sobre tu uso de la sintaxis. Prestar atención a los detalles sintácticos desde el principio te convertirá en un programador más eficaz y evitará errores comunes a medida que aprendas.

Al comprender y respetar las reglas sintácticas de Python, te aseguras de que tu código no solo sea correcto, sino también legible y fácil de mantener. A medida que continúes aprendiendo

Python, estos fundamentos sintácticos se convertirán en algo natural, lo que te permitirá centrarte en resolver problemas y escribir un código excelente.

La Tierra es redonda

Pero con el mismo espíritu de que la Tierra es plana, propongo una segunda teoría y es que la Tierra es redonda. Y si estoy en lo cierto, entonces vamos a explorar una versión más "realista" de nuestro programa que calcula la superficie de la Tierra.

```python
la_tierra_es_plana = False
la_tierra_tiene_forma_de_dona = False

if la_tierra_es_plana:
    print("¡Ten cuidado de no caerte!")
elif la_tierra_tiene_forma_de_dona:
    print("Hmmm, interesante teoría.")
    print("No estoy seguro de cómo calcularlo.")
else:
    PI = 3.14159265359
    RADIO_EN_MI = 3959
    RADIO_EN_KM = 6371
    area_tierra_en_mi = 4 * PI * (RADIO_EN_MI ** 2)
    area_tierra_en_km = 4 * PI * (RADIO_EN_KM ** 2)
    print("Superficie de la Tierra:")
    print(f"en millas cuadradas es {area_tierra_en_mi}")
    print(f"y en kilómetros cuadrados es {area_tierra_en_km}")
```

2.8 Constantes

Puede que te estés preguntando por qué algunas de estas variables están en mayúsculas. En Python, es una convención común escribir las constantes en mayúsculas. **Las constantes** son valores que deben permanecer invariables a lo largo del programa. Al escribirlas en mayúsculas, indicamos a cualquiera que lea el código que estos valores no deben ser modificados.

Por ejemplo, en nuestro código

```python
PI = 3.14159265359
RADIO_EN_MI = 3959
RADIO_EN_KM = 6371
```

Se trata de constantes porque sus valores no cambian durante la ejecución del programa. El valor de PI representa la constante matemática, mientras que RADIO_EN_MI y RADIO_EN_KM representan el radio de la Tierra en millas y kilómetros, respectivamente, valores fijos utilizados en nuestros cálculos.

En cambio, `area_tierra_en_mi` y `area_tierra_en_km` van en minúsculas porque son variables cuyos valores se calculan dinámicamente en función de la fórmula. Dependen de los valores constantes, pero no son constantes en sí mismas, ya que sus valores son derivados y podrían cambiar si modificamos la fórmula o los valores de entrada.

El uso de mayúsculas para las constantes mejora la legibilidad del código y ayuda a evitar modificaciones accidentales de valores que no están destinados a cambiar. Aunque Python no impone la inmutabilidad de las constantes (como `final` en Java o `const` en C++), seguir esta convención se considera una buena práctica en la programación en Python.

2.9 `if`, `elif` y `else`

Este es un ejemplo clásico en el que brillan las sentencias `if`, `elif` y `else`. Estas sentencias evalúan si una condición es verdadera o falsa, lo que conduce a acciones basadas en esas comprobaciones.

La sentencia `elif` es una mezcla perfecta de `else` e `if`, que permite una comprobación condicional justo después de que una condición `if` inicial sea falsa, antes de pasar potencialmente a un bloque `else`. Lo mismo podría lograrse haciendo algo como esto:

```
if la_tierra_es_plana:
    print("¡Ten cuidado de no caerte!")
elif la_tierra_tiene_forma_de_dona:
    print("Hmmm, interesante teoría.")
    print("No estoy seguro de cómo calcularlo.")
else:
...
```

2.10 Cálculos en Python

En nuestro "proyecto de ciencias", utilizamos $4\pi R^2$ para calcular la superficie de la Tierra. Así es como se codifica en Python:

```
area_tierra_en_mi = 4 * PI * (RADIO_EN_MI ** 2)
area_tierra_en_km = 4 * PI * (RADIO_EN_KM ** 2)
```

`PI`, `RADIO_EN_MI`, y `RADIO_EN_KM` son todas constantes definidas justo después del `else`. En Python, `*` representa multiplicar, y `**` es el operador de exponenciación. Así, `r ** 2` significa "r al cuadrado" o R^2

La salida de esta versión del programa es:

```
La superficie de la Tierra:
en kilómetros cuadrados es 196961284.33725268
y en kilómetros cuadrados es 510064471.90982187
```

NOTAS NERD

Puede que seas un nerd si...

Ahora bien, si sientes el impulso de señalar que el radio de la Tierra varía entre el ecuador y los polos, entonces te habrás ganado con razón tu insignia de "nerd".

Si aún no se te ha pasado por la cabeza, no te preocupes: tendrás muchas más oportunidades de demostrar tu frikismo.

2.11 Operadores de Python

Los operadores en Python pueden clasificarse en tres tipos principales: operadores lógicos, operadores de comparación y operadores aritméticos. Cada categoría sirve a un propósito distinto, permitiendo a los programadores expresar condiciones, comparar valores y realizar cálculos matemáticos de manera eficiente y precisa.

Operadores aritméticos

Los operadores aritméticos realizan cálculos. En nuestro proyecto "La Tierra es redonda" hemos utilizado dos operadores aritméticos, $*$ y $**$, pero hay otros:

Operador	Descripción
+	Suma los valores a ambos lados del operador.
-	Resta el operando derecho del operando izquierdo.
*	Multiplica los valores a ambos lados del operador.
/	Divide el operando de la izquierda entre el operando de la derecha.
//	División Entera – Divide el número de la izquierda entre el número de la derecha y redondea el resultado hacia abajo al número entero más cercano. Por ejemplo, 7 // 2 es igual a 3 (no 3.5, porque se redondea hacia abajo).
%	Divide el operando de la izquierda entre el operando de la derecha y devuelve el resto.
**	Realiza el cálculo exponencial (potencia) de los operadores.

Precedencia de los operadores aritméticos

En Python, como en las matemáticas, no todas las operaciones son iguales. Algunas tienen prioridad sobre otras. Esta jerarquía determina el orden en que se evalúan las operaciones en expresiones complejas. Este concepto se conoce como "precedencia de operadores".

Por qué es importante la precedencia de operador

Consideremos la expresión 3 + 4 * 5. ¿Se evalúa como (3 + 4) * 5 o como 3 + (4 * 5)? La precedencia de los operadores aritméticos responde a esta pregunta. En Python, la multiplicación tiene mayor precedencia que la suma, por lo que la evaluación correcta es 3 + (4 * 5), dando 23 en lugar de 35.

El orden de las operaciones aritméticas

Python sigue un orden específico al realizar operaciones matemáticas, el mismo que probablemente aprendiste en la escuela con el acrónimo PEMDSR, que representa:

- Paréntesis
- Exponentes
- Multiplicación y División
- Suma y Resta

Dentro de cada par (multiplicación/división y suma/resta), las operaciones se resuelven de izquierda a derecha, según aparecen en el código. Es importante recordar que multiplicación y división tienen la misma prioridad, al igual que suma y resta.

Tabla de precedencia de operadores aritméticos

A continuación se muestra una tabla simplificada que muestra la precedencia de los operadores aritméticos en Python, de mayor a menor:

Operando(s)	Descripción
( )	Permite anular la precedencia por defecto.
**	Exponentes
* / // %	La multiplicación, la división, la división de piso y el módulo tienen el mismo nivel de precedencia.
+ -	Suma y resta

NOTAS NERD La sagrada jerarquía de operaciones

Para los frikis de las matemáticas, ¡alégrate! Te darás cuenta de que Python respeta la jerarquía sagrada de precedencia de los operadores aritméticos, asegurando que tu magia numérica se comporte como se espera

Buenas prácticas

- **Utiliza paréntesis**: En caso de duda, utiliza paréntesis para aclarar el orden de las operaciones. Esto no solo garantiza que la expresión se evalúe según lo previsto, sino que también aumenta la legibilidad para cualquier otra persona que lea el código.

- **Evita las expresiones complejas**: Divide las expresiones complejas en partes más pequeñas. Esto puede evitar errores causados por una mala comprensión de la precedencia de los operadores aritméticos y facilitar la lectura y el mantenimiento del código.

- **Coherencia**: Sé coherente a la hora de estructurar tus expresiones. La coherencia ayuda a evitar errores y deja claras tus intenciones a los demás.

Ejemplo de expresión

Veamos un ejemplo para entender cómo evalúa Python las expresiones. Consideremos la expresión `4 + 3 * 2 ** 2 - 1`

1. **Exponentes**: `2 ** 2` se evalúa primero, convirtiéndose en `4`.

2. **Multiplicación**: `3 * 4` es el siguiente, simplificando a `12`.

3. **Suma y resta**: Por último, realizamos la suma y la resta de izquierda a derecha, `4 + 12 - 1`, dando como resultado `15`.

Entender la precedencia de los operadores aritméticos te permite escribir correctamente expresiones que el intérprete de Python entiende y te ayuda a depurar código cuando obtienes resultados inesperados.

Operadores de comparación

Imagina que estás diseñando un registro de puntuaciones máximas para un videojuego. El juego necesita determinar si la puntuación actual de un jugador supera la puntuación más alta para actualizarla y celebrar el logro. Aquí es donde brillan los operadores de comparación, que nos permiten comparar valores dentro de nuestro código. Veamos un ejemplo que incorpora estos operadores:

```python
puntuacion_actual = 450
maxima_puntuacion = 400

if puntuacion_actual > maxima_puntuacion:
    print("¡Enhorabuena! Has conseguido una nueva puntuación más alta.")
    maxima_puntuacion = puntuacion_actual
else:
    print("¡Sigue intentando batir la puntuación más alta!")
```

En este fragmento, > es un operador de comparación y comprueba si `puntuacion_actual` es mayor que `maxima_puntuacion`. Si la condición es verdadera, el programa felicita al jugador y actualiza la variable `maxima_puntuacion` con la nueva puntuación. En caso contrario, anima al jugador a seguir intentándolo.

Los operadores de comparación son fundamentales para evaluar las condiciones. Permiten que nuestros programas tomen decisiones y respondan de forma diferente en función de las entradas, creando experiencias dinámicas e interactivas. Aplicando hábilmente estos operadores, podemos elaborar condiciones lógicas que guíen el flujo de nuestros programas, haciéndolos más intuitivos y sensibles al usuario.

Python tiene bastantes operadores de comparación. He aquí una lista:

Operando	Descripción
==	Comprueba si el valor de dos operandos es igual; en caso afirmativo, la condición se convierte en verdadera.
!=	Comprueba si los valores de dos operandos son iguales o no; si los valores no son iguales, entonces la condición se convierte en verdadera.
>	Comprueba si el valor del operando izquierdo es mayor que el valor del operando derecho; en caso afirmativo, la condición se convierte en verdadera.
<	Comprueba si el valor del operando izquierdo es menor que el valor del operando derecho; en caso afirmativo, la condición se convierte en verdadera.
>=	Comprueba si el valor del operando izquierdo es mayor o igual que el valor del operando derecho. En caso afirmativo, la condición se convierte en verdadera.
<=	Comprueba si el valor del operando izquierdo es menor o igual que el valor del operando derecho. En caso afirmativo, la condición se convierte en verdadera.

Operadores lógicos

Supongamos que queremos que la calefacción se encienda no solo en función de la temperatura, sino también si es de noche. Este escenario requiere a los operadores lógicos `and`, `or`, `not`, introduciendo complejidad en nuestras condiciones. Estos operadores permiten combinar varias condiciones en una única sentencia if, lo que potencia aún más el proceso de toma de decisiones. Utilizando el ejemplo anterior, pero con una condición adicional para la noche:

```python
temperatura = 18
es_noche = True
if temperatura < 20 and es_noche:
    print("Hace frío y es de noche. Enciendo la calefacción.")
else:
    print("Ahora mismo no hace falta calefacción.")
```

En este caso, ambas condiciones deben cumplirse (debe hacer frío y ser de noche) para que el sistema decida encender la calefacción. Los operadores lógicos son muy valiosos para crear flujos de decisión más matizados e inteligentes en tus programas.

Estos son los operadores lógicos de Python:

Operando	Descripción
and	AND lógico - Si ambos operandos son verdaderos, entonces la condición se convierte en verdadera.
or	OR lógico - Si cualquiera de los dos operandos es verdadero, entonces la condición se convierte en verdadera.
not	NOT lógico - Se utiliza para invertir el estado lógico de su operando.

Buenas prácticas

Cuando se trata de escribir sentencias condicionales, la claridad es fundamental. Estas son algunas de las mejores prácticas para mantener el código limpio y comprensible:

- **Utiliza nombres de variables claros**: Las variables como `es_noche` te dicen instantáneamente lo que representan, haciendo que tus condiciones sean más fáciles de leer.
- **Evita el anidamiento profundo**: Las sentencias `if` profundamente anidadas (es decir, dentro de sentencias if, dentro de sentencias if, etc.) pueden hacer que tu código sea difícil de seguir. Intenta simplificar las condiciones complejas o divídelas en funciones más pequeñas.
- **Sé explícito en las condiciones**: En lugar de escribir `if es_noche == True:`, puedes escribir simplemente `if es_noche:`. Sin embargo, ser explícito, como usar `is not None` cuando se comprueba `None`, puede hacer que tus intenciones sean más claras.

39

La aplicación de estas prácticas ayuda a mantener el código legible y fácil de mantener, garantizando que los demás (y tú en el futuro) puedan entender fácilmente las decisiones de tu programa.

2.12 Expresión condicional ternaria

Imagina que estás planeando tu atuendo para el día basándote en el tiempo que va a hacer. Podrías pensar: "Si llueve, llevaré botas; si no, llevaré zapatillas". En código, es así:

```python
if clima == "lloviendo":
    outfit = "botas"
else:
    outfit = "zapatillas"
```

Este proceso de toma de decisiones puede representarse en Python como un operador ternario:

```python
outfit = "botas" if clima == "lloviendo" else "zapatillas"
```

Una expresión condicional ternaria consta de tres partes: la parte "verdadera", la "condición" y la parte "falsa". Así es como se descompone:

```
outfit = "botas" if weather == "lloviendo" else "zapatillas"
           true          condition              false
       (o verdadero)    (o condición)         (o falso)
```

Es decir, establece la variable `outfit` en "botas" si `clima` es igual a "lloviendo"; en caso contrario, establécela en "zapatillas". Sencillo, ¿verdad?

He aquí otro ejemplo. Supongamos que deseas mostrar un mensaje sobre facturas pendientes:

```python
contador_facturas = 2
print(f"Tiene {contador_facturas} facturas pendientes")
```

Pero si solo tienes una factura, el mensaje sería incorrecto gramaticalmente. Utilizando una expresión ternaria:

```python
contador_facturas = 1
print(f"Tiene {contador_facturas} factura pendiente{'s' if contador_facturas != 1 else ''}")
```

¿Por qué utilizar expresiones condicionales ternarias?

- Concisión: Condensa varias líneas de un bloque if-else en una sola línea.
- Legibilidad: Clara y legible en condiciones sencillas.
- Eficacia: Evalúa y asigna rápidamente un valor en función de una condición.

Precaución con las expresiones ternarias anidadas

Evita anidar expresiones ternarias para mantener la legibilidad y facilitar la depuración. Para condiciones complejas, utiliza sentencias if-else tradicionales:

```python
if a > b:
    result = "Condición A"
elif b > c:
    result = "Condición B"
else:
    result = "Condición C"
```

2.13 Resumen del capítulo

Este capítulo abarca mucho, pero también sienta las bases esenciales para cualquier aspirante a programador de Python.

Este capítulo te ha equipado con los conceptos fundamentales de variables, tipos de datos y estructuras de control básicas. Estos son los bloques sobre los que se construyen todos los programas Python, permitiéndote almacenar, manipular y tomar decisiones con datos de forma eficiente. Al comprender estos conceptos, ahora estás preparado para sumergirte más profundamente en el mundo de la programación en Python, listo para afrontar retos más sofisticados con confianza.

En el capítulo 3, cambiaremos nuestro enfoque de los elementos individuales de Python al arte de organizar y estructurar tus datos de forma más eficaz. Nuestra atención se centra en las potentes estructuras de datos de Python: lists, dictionaries y sets. Estas herramientas son inestimables para gestionar y acceder a los datos de una manera lógica y eficiente, ampliando aún más su conjunto de herramientas de programación. A medida que te vuelvas más experto en el uso de estas estructuras, descubrirás que abren nuevas posibilidades para resolver problemas complejos y hacer que tu código sea más limpio y expresivo. Continuemos nuestro viaje por Python, donde estructurar datos de forma inteligente es el siguiente paso hacia el dominio de este versátil lenguaje.

2.14 Ejercicios propuestos

Prueba los siguientes ejercicios para reforzar tu comprensión de los conceptos tratados en este capítulo. Cada ejercicio está diseñado para ayudarte a practicar diferentes aspectos de la programación en Python. Puedes encontrar las soluciones a cada uno de los ejercicios en el Apéndice A al final del libro.

Ejercicio 1: Variable básica Asignación

Descripción: En este ejercicio, practicarás asignando valores a variables de diferentes tipos de datos e imprimiéndolos. Esto te ayudará a entender cómo trabajar con enteros, flotantes, cadenas y booleanos en Python.

Tarea: Asignar valores a variables de diferentes tipos de datos (entero, flotante, cadena, booleano) e imprimirlos.

Ejercicio 2: Conversión de tipos

Descripción: Este ejercicio se centra en la conversión de tipos, que consiste en convertir un tipo de datos en otro. Escribirás un script que toma una entrada de usuario (cadena), la convierte a un entero, realiza un cálculo y luego imprime el resultado.

Tarea: Escribe un script que tome una entrada de usuario (cadena), la convierta en un número entero, realice un cálculo e imprima el resultado.

Ejercicio 3: Cadena con Formato

Descripción: Aprende a formatear cadenas utilizando F-String y el método `format()`. Este ejercicio te ayudará a crear cadenas que incluyan valores variables y a formatearlas para que se muestren correctamente.

Tarea: Crear una cadena utilizando f-strings y el método `format()` que incluya una variable integer y float, mostrándolas con dos decimales.

Ejercicio 4: Estructuras de control

Descripción: Practica el uso de estructuras de control para tomar decisiones en tu código. En este ejercicio, escribirás un script que pide un número al usuario y comprueba si el número es positivo, negativo o cero, imprimiendo un mensaje apropiado para cada caso.

Tarea: Escribe un script que pregunte al usuario por un número y comprueba si el número es positivo, negativo o cero, imprimiendo un mensaje apropiado para cada caso.

Ejercicio 5: Operaciones aritméticas

Descripción: Aprende a utilizar los operadores aritméticos de Python realizando varios cálculos. Este ejercicio te ayudará a entender cómo utilizar operadores como suma, resta, multiplicación, división y exponenciación.

Tarea: Escribe un script que realice e imprima los resultados de la suma, resta, multiplicación, división y exponenciación de dos números proporcionados por el usuario.

Ejercicio 6: Comparación y operadores lógicos

Descripción: Explora los operadores lógicos y de comparación de Python creando un script que categorice la edad de un usuario. Este ejercicio mejorará tu comprensión de cómo comparar valores y combinar condiciones.

Tarea: Crear un script que pregunte al usuario su edad y determine si es niño, adolescente, adulto o mayor, utilizando operadores de comparación y lógicos.

Ejercicio 7: Expresión condicional ternaria

Descripción: Aprende a utilizar expresiones condicionales ternarias para tomar decisiones concisas en tu código. Este ejercicio consiste en escribir un script que utilice una expresión ternaria para determinar si el número introducido por un usuario es par o impar.

Tarea: Escribe un script que determine si el número introducido por un usuario es par o impar utilizando una expresión condicional ternaria.

2.15 Proyecto: Calculadora de pagos de préstamos

¿Está preparado para abordar tu primer proyecto? Yo creo que sí.

Como todos los proyectos de este libro, puedes descargar la solución final desde GitHub. Para más detalles, consulta el Apéndice.

Objetivo: Mejorar tu comprensión de Python mediante el desarrollo de una calculadora de pagos de préstamos que tiene en cuenta los pagos iniciales opcionales y maneja una tasa de interés del 0%. Este proyecto profundizará tu conocimiento de variables, tipos de datos y operaciones aritméticas y te introducirá a la toma de decisiones en tu código utilizando la lógica condicional.

Guía paso a paso:

1. **Solicita información básica sobre el préstamo**:
    - Pide al usuario que introduzca el importe total del préstamo para el coche.
    - Solicita el tipo de interés anual en forma de porcentaje. El usuario debe poder introducir un número como 7.5 para un tipo del 7.5%.

43

- o Pregunta al usuario por la duración del préstamo en años.
2. **Infórmate sobre el pago inicial**:
   - o Pregunta al usuario si desea incluir un pago inicial.
   - o Si el usuario responde afirmativamente, se le pedirá el importe del anticipo y se ajustará el importe del préstamo en consecuencia restando el anticipo del importe inicial del préstamo.
3. **Calcula el pago mensual**:
   - o En primer lugar, comprueba si el tipo de interés anual es superior a 0.
     - En caso afirmativo, convierte el tipo de interés anual en un tipo mensual y procede con la fórmula habitual de cálculo del pago del préstamo.
     - Si el tipo de interés es del 0%, calcula la cuota mensual simplemente dividiendo el importe del préstamo (después de ajustar cualquier pago inicial) por el número total de pagos (duración del préstamo en años multiplicada por 12).
   - o Utiliza la fórmula para calcular la cuota mensual de un préstamo. La fórmula es:

$$M = \frac{P \times r}{1 - (1 + r)^{-n}}$$

donde:

- M es la cuota mensual.
- P es el importe del préstamo (principal).
- r es el tipo de interés mensual (tipo de interés anual dividido por 12).
- n es el número total de pagos (duración del préstamo en años multiplicada por 12).

El objetivo de este proyecto no es saber leer fórmulas matemáticas, así que aquí está el código para calcular el pago mensual:

```
# Cálculo de la cuota mensual del préstamo del coche
numerador = monto_prestamo * tasa_interes_mensual
denominador = 1 - (1 + tasa_interes_mensual) ** - pagos_totales
pago_mensual = numerador / denominador
```

4. **Información detallada del préstamo**:
   - o Imprime el importe del préstamo (después de cualquier ajuste del pago inicial).
   - o Indica el número total de pagos y la duración del préstamo en años.
   - o Presentar el tipo de interés al usuario.
   - o Por último, imprime la mensualidad calculada, formateada con dos decimales.

Consejos para el éxito:

- **Claridad y precisión**: Asegúrate de que las instrucciones sean claras para que el usuario sepa exactamente qué información debe introducir. La precisión en las instrucciones permite introducir datos exactos.
- **Nomenclatura de variables**: Utiliza nombres descriptivos para tus variables para que tu código sea autoexplicativo y más fácil de seguir.
- **Implementar la lógica condicional**: Utiliza las sentencias `if` de forma eficaz para guiar el flujo del programa en función de los datos introducidos por el usuario sobre el pago inicial y el tipo de interés.
- **Pruébalo a fondo**: Ejecuta tu programa con diferentes escenarios (incluyendo con y sin pago inicial, con un tipo de interés del 0% y positivo) para asegurarte de que se comporta como se espera en diversas condiciones.

Al completar este proyecto, no solo practicarás conceptos básicos de programación en Python, sino que también aprenderás a incorporar lógica condicional para que tus programas sean más dinámicos y adaptables a las entradas del usuario. Esta aplicación práctica refuerza los fundamentos y te ayuda a construir la confianza para enfrentar desafíos de programación más complejos.

Ejemplo de salida posible

```
Introduzca el importe de la compra: 15000
Tipo de interés anual: 10
Duración del préstamo (años): 5
¿Incluye el pago inicial? (s/n): s
Importe del anticipo: 2000

Detalles del préstamo:
    Importe de la compra: $15000.00
    Pago inicial: $2000.00
    Importe del préstamo: $13000.00
    Número de pagos: 60 (5 años)
    Tipo de interés: 10.000
    Cuota mensual: 276,21
```

CAPÍTULO 3: EXPLORAR PYTHON CON BUCLES Y COLECCIONES

Imagina que tu cocina es un lugar donde tienes diferentes cajones y armarios para mantener las cosas organizadas. En Python, disponemos de varias estructuras de datos que nos ayudan a organizar y gestionar nuestros datos de forma eficiente. En este capítulo, exploraremos algunas de estas estructuras de datos esenciales, como listas, diccionarios, tuplas y conjuntos, así como bucles que nos permiten realizar tareas repetitivas. Comprender estos conceptos te ayudará a escribir código más eficiente y organizado.

3.1 Listas

Las listas en Python son como esos versátiles cajones de cocina. Puedes rellenarlas con diferentes elementos, desde enteros y cadenas hasta incluso otras listas. Crear una lista es tan sencillo como encerrar los elementos entre corchetes `[]`, separados por comas. Por ejemplo, `ingredientes = ["harina", "azúcar", "huevos"]` agrupa los ingredientes de la tarta en una única y ordenada variable.

Las listas son uno de los tipos de datos más versátiles de Python. Permiten almacenar múltiples elementos en una única variable. Las listas son ordenables y modificables, y permiten valores duplicados. Las listas son esenciales para muchas aplicaciones del mundo real, como el almacenamiento de una colección de elementos, el mantenimiento de una secuencia de eventos o el almacenamiento de datos recuperados de bases de datos.

Comprender la indexación de listas

En Python, las listas tienen índice cero. Esto significa que se accede al primer elemento de una lista con el índice 0, al segundo elemento con el índice 1, y así sucesivamente. Esto puede ser un poco diferente de cómo contamos naturalmente los elementos (empezando por 1), pero es un concepto fundamental en Python y muchos otros lenguajes de programación.

Veamos un ejemplo para aclararlo:

```python
# Crear una lista
frutas = ["manzana", "plátano", "cereza"]

# Acceder a los elementos de la lista
print(frutas[0]) # Salida: manzana (primer elemento)
print(frutas[1]) # Salida: plátano (segundo elemento)
print(frutas[2]) # Salida: cereza (tercer elemento)
```

En este ejemplo:

- `frutas[0]` accede al primer elemento, "manzana" (primer elemento).
- `frutas[1]` accede al segundo elemento, "plátano" (segundo elemento).
- `frutas[2]` accede al tercer elemento, "cereza" (tercer elemento).

Comprender esta indexación basada en cero es crucial cuando se trabaja con listas y matrices en Python.

Lista de operaciones

Puede realizar diversas operaciones con las listas, como añadir, eliminar y modificar elementos:

```python
# Añadir elementos a la lista
frutas.append("naranja")      # Añade "naranja" al final de la lista
frutas.insert(1, "arándano")  # Inserta "arándano" en el índice 1

# Eliminar elementos de la lista
frutas.remove("plátano")      # Elimina "plátano" de la lista
fruta_devuelta = frutas.pop() # Elimina y devuelve el último elemento
```

```
# Modificación de los elementos de la lista
frutas[0]= "kiwi"   # Cambia el primer elemento a "kiwi"
```

Entender cómo crear, acceder y manipular listas es fundamental en la programación en Python. Te permite gestionar y organizar datos de manera eficiente, preparando el escenario para conceptos más avanzados.

3.2 Comprender las matrices multidimensionales en Python

Las matrices multidimensionales son colecciones que contienen otras colecciones. Son perfectas para representar estructuras de datos complejas, como matrices, cuadrículas o, en nuestro caso, una estantería con varias baldas.

Visualicemos esto con una analogía de estantería. Imagina una estantería que contiene una fila de libros: es nuestra lista unidimensional en Python.

```
primer_estante = ["Guía Absoluta para Principiantes: Programación en Python",
                  "Cien años de soledad",
                  "Don Quijote de la Mancha",
                  "Frankenstein",
                  "Como agua para chocolate"]
```

Para recuperar "Frankenstein", que es el cuarto libro de la estantería, utilizamos su índice:

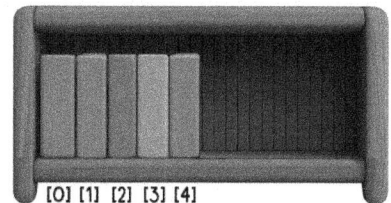

[0] [1] [2] [3] [4]

```
print(primer_estante[3])  # Salida: Frankenstein
```

Ahora bien, una estantería suele tener más de un estante.

Vamos a añadir dos estanterías más, cada una con un número diferente de libros, ilustrando la flexibilidad de Python

```
segundo_estante = [
    "Las aventuras de Huckleberry Finn",
    "Mujercitas",
    "Sentido y sensibilidad"]

tercer_estante = [
    "Los miserables",
    "La jungla",
    "Persuasión",
    "El jardín secreto",
    "El viento en los sauces",
    "La metamorfosis",
    "Dublineses",
    "Más allá del bien y del mal"]
```

Podemos ensamblar estos estantes en una estantería, que es una lista de listas, una matriz bidimensional:

```
estanteria = [primer_estante,
              segundo_estante,
              tercer_estante]
```

Para acceder a "El jardín secreto" en la tercera estantería (4 libro), necesitamos ahora dos índices:

```
print(estanteria[2][3])  # Salida: El jardín secreto
```

Así es como funcionan las matrices multidimensionales en Python. Cada lista dentro de la lista exterior puede variar en longitud, al igual que cada estantería puede contener un número diferente de libros.

Añadir libros dinámicamente a una estantería

En la vida real, a menudo añadimos nuevos libros a nuestras estanterías. Del mismo modo, en Python, podemos añadir dinámicamente elementos a nuestras listas. Vamos a añadir un nuevo libro a nuestra segunda estantería:

```
# Nuevo libro a añadir
nuevo_libro = "El Gran Gatsby"

# Añade el nuevo libro a la segunda estantería
estanteria[1].append(nuevo_libro)

# Ahora el segundo estante tiene 4 libros
print(f"Segunda estantería actualizada: {estanteria[1]}")
```

El método `append()` añade un elemento al final de la lista. Si ejecutamos el código anterior, nuestra segunda estantería incluirá ahora "El Gran Gatsby" como cuarto libro.

Ver toda la estantería

Para ver toda nuestra estantería, utilizamos un bucle `for` para iterar sobre cada estantería y luego sobre cada libro dentro de esa estantería:

```
# Iterar sobre cada estante de la estantería
for numero_estante, estante in enumerate(estanteria):
    print(f"La estantería {numero_estante} contiene:")
```

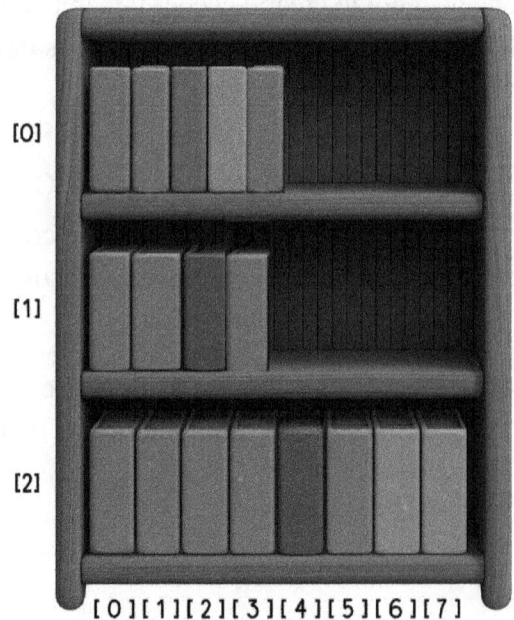

```
# Iterar sobre cada libro de la estantería
for libro in estante:
    print(f" - {libro}")
print()  # Imprimir una nueva línea para una mejor legibilidad
```

La función `enumerate()` es útil aquí porque nos da tanto el índice (el número de la estantería) como el valor (la lista de libros de esa estantería). Este código imprimirá el contenido de cada estantería de forma estructurada, facilitando la visualización de toda la colección de una sola vez.

La ejecución de este código nos daría una salida similar a ésta:

```
La estantería 0 contiene:
 - Guía Absoluta para Principiantes: Programación en Python
 - Cien años de soledad
 - Don Quijote de la Mancha
 - Frankenstein
 - Como agua para chocolate

La estantería 1 contiene:
 - Las aventuras de Huckleberry Finn
 - Mujercitas
 - Sentido y sensibilidad
 - El Gran Gatsby

La estantería 2 contiene:
 - Los miserables
 - La jungla
 - Persuasión
 - El jardín secreto
 - El viento en los sauces
 - La metamorfosis
 - Dublineses
 - Más allá del bien y del mal
```

Añadiendo elementos dinámicamente y utilizando bucles para ver nuestros datos, hemos imitado la gestión de una estantería real, mostrando la potencia y flexibilidad de las listas en Python. Estas acciones son fundamentales en muchos programas Python, especialmente en aquellos que implican la recopilación y manipulación de datos.

3.3 Introducción a las tuplas

Las tuplas son muy similares a las listas. Pero son inmutables. Una vez que se crea una tupla, se establece. No puedes cambiar su contenido. Crear una tupla es como crear una lista, pero en lugar de corchetes, se utilizan paréntesis `()`.

```
coordenada = (5, 10)
print(coordenada[0], coordenada[1])  # Salida: 5 10
```

¿Por qué utilizar una tupla en lugar de una lista? Velocidad y seguridad. Las tuplas se cargan más rápido que las listas, por lo que son ideales para almacenar datos que no necesitan cambios, como los días de la semana o los meses del año. Además, su inmutabilidad (naturaleza inmutable) protege los datos de posibles alteraciones accidentales.

Cuándo utilizar listas o tuplas

La elección entre listas y tuplas suele depender de la naturaleza de los datos y de cómo se vayan a utilizar. He aquí una guía rápida:

- Elige **listas** cuando la recopilación de datos pueda cambiar con el tiempo, como una lista de tareas pendientes en la que se pueden añadir o eliminar tareas.

- Elige **tuplas** para datos que permanecen constantes, donde la seguridad de la inmutabilidad es beneficiosa, como las coordenadas de una ciudad en un mapa.

Al final, la elección de una lista o una tupla depende de la tarea que se vaya a realizar. Al igual que elegir entre un cuchillo de chef y un cuchillo para pelar, cada uno tiene su lugar en tu kit de herramientas de programación.

A medida que nos adentramos en el mundo de las listas y las tuplas, descubrimos la sencillez y la potencia de las estructuras de datos de Python. Estas estructuras no son solo elementos fundacionales, sino que te permiten gestionar y manipular datos en tus programas. Las listas ofrecen flexibilidad, permitiendo que tu colección de datos crezca y cambie, mientras que las tuplas proporcionan estabilidad y velocidad para los datos que se supone que deben permanecer constantes. Dominar el uso de estas estructuras es un paso significativo hacia la escritura de código Python más eficiente y eficaz, aumentando tu confianza en tus habilidades de programación.

A medida que te sientas más cómodo con las listas y las tuplas, te resultarán indispensables para organizar tus datos. No son solo el primer paso para dominar las estructuras de datos más complejas de Python, sino que sientan las bases para una manipulación y análisis de datos más profundos. Recuerda, el objetivo no es solo escribir código, sino escribir código claro y eficiente que resuelva problemas. Las listas y tuplas son aliados inestimables en este viaje, simplificando tu aproximación a los datos y ayudándote a crear mejores programas Python. Dominar estas estructuras es un logro que te inspirará y motivará para explorar estructuras de datos más complejas.

3.4 Diccionarios: Asignación de claves a valores

Los diccionarios en Python actúan como contenedores que almacenan datos como pares clave-valor. Cada clave abre la puerta a su valor correspondiente, del mismo modo que una llave real abre una cerradura. Crear un diccionario es similar a dibujar un mapa, donde se definen destinos y rutas. Por ejemplo, `mascota = {"nombre": "Fido", "especie": "perro", "edad": 5}` construye un diccionario sobre una mascota, asociando a cada dato (valor) una etiqueta descriptiva (clave).

Acceder a los datos de un diccionario es muy sencillo. Utilizar la clave es como decirle a un sistema GPS exactamente adónde quieres ir, y que te lleve rápidamente a tu destino. Si quieres saber la edad de Fido:

```
mascota = {"nombre": "Fido",
           "especie": "perro",
           "edad": 5}
print(mascota["edad"])  # Salida: 5
```

Este acceso directo a los elementos de datos hace que los diccionarios sean increíblemente eficaces para recuperar información.

Manipulación de diccionarios

Los diccionarios son dinámicos; pueden evolucionar. Se pueden añadir nuevos pares clave-valor, lo que permite actualizar el mapa con nuevas ubicaciones. Quizá Fido tenga un nuevo juguete favorito. Añadir esta información es sencillo: `mascota["juguete_favorito"] = "hueso de goma"`. Ahora, el diccionario incluye este nuevo detalle sobre Fido.

```
mascota = {"nombre": "Fido",
           "especie": "perro",
           "edad": 5}
print(mascota) # resultados: {'nombre': 'Fido', 'especie': 'perro', 'edad': 5}

mascota["juguete_favorito"] = "hueso de goma"
print(mascota) # resultados: {'nombre': 'Fido', 'especie': 'perro', 'edad': 5, 'juguete_favorito': 'hueso de goma'}
```

Pero, ¿qué ocurre si un dato cambia o se vuelve irrelevante? Python te ofrece herramientas para modificar o eliminar entradas. Supongamos que Fido cumple años. Actualizar su edad es tan fácil como `mascota["edad"] = 6`.

```
mascota = {"nombre": "Fido",
           "especie": "perro",
           "edad": 5}
mascota["edad"] = 6
print(mascota) # resultados: {'nombre': 'Fido', 'especie': 'perro', 'edad': 6}
```

Y si, por alguna razón, la especie deja de ser necesaria, `del mascota["especie"]` la elimina del diccionario, manteniendo sus datos limpios y relevantes.

```
mascota = {"nombre": "Fido", "especie": "perro", "edad": 5}
del mascota["especie"]
print(mascota)  # resultados: {'nombre': 'Fido', 'edad': 5}
```

Casos prácticos

La verdadera potencia de los diccionarios se pone de manifiesto cuando se aplican a situaciones prácticas. Su estructura los hace ideales para representar datos complejos de forma clara y accesible. Pensemos en el perfil de un usuario de una red social. Un diccionario puede almacenar información variada sobre un usuario, desde nombres de usuario hasta intereses, en un formato organizado y fácilmente recuperable. Esto tiene un valor incalculable para aplicaciones en las que es necesario gestionar y acceder de forma eficiente a datos específicos de un usuario.

Los diccionarios también destacan en entornos en los que las relaciones entre puntos de datos son clave. En los sistemas de inventario, los identificadores de producto pueden servir como claves, dando lugar a valores que proporcionan descripciones detalladas, precios y niveles de existencias. Esta configuración garantiza que la información no solo se almacena, sino que se puede actuar sobre ella, ya sea actualizando los niveles de existencias o calculando los precios.

3.5 Comparación de diccionarios con listas y tuplas

A la hora de decidir entre diccionarios, listas y tuplas, considera la naturaleza de sus datos y cómo pretende utilizarlos. Las listas y tuplas son excelentes para colecciones ordenadas en las que su posición permite acceder a los elementos. Sin embargo, los diccionarios ofrecen una clara ventaja cuando se trata de datos a los que se accede de forma más natural a través de identificadores únicos (como nombres, ID o títulos).

El emparejamiento clave-valor de los diccionarios refleja la forma en que solemos almacenar y recuperar información en nuestra mente, lo que los hace intuitivos para representar datos del mundo real. A diferencia de las listas y las tuplas, en las que para encontrar un elemento hay que iterar desde el principio cada vez, los diccionarios permiten un acceso inmediato mediante claves, lo que agiliza considerablemente la recuperación de datos en grandes colecciones.

Además, la flexibilidad para actualizar, añadir y eliminar elementos en los diccionarios se ajusta a los escenarios de datos dinámicos. Las listas permiten modificaciones similares, pero los diccionarios ofrecen una estructura que asocia directamente cada dato con una etiqueta significativa, lo que aumenta la claridad y reduce las posibilidades de error.

Por el contrario, las tuplas, con su naturaleza inmutable, son más adecuadas para colecciones fijas de elementos. Su incapacidad para cambiar las hace fiables y eficientes, especialmente para los datos que sirven como una constante a lo largo de tu programa.

Cada una de estas estructuras (listas, tuplas y diccionarios) tiene sus propias ventajas. Las listas y tuplas ofrecen simplicidad y orden, ideales para colecciones de elementos similares o conjuntos de datos fijos. Los diccionarios, con su acceso directo y flexibilidad, destacan en el manejo de datos complejos y cambiantes, donde las relaciones entre elementos son fundamentales. La elección de uno u otro dependerá de tus necesidades concretas y de factores como la naturaleza de los datos, las operaciones que necesites realizar y la importancia del orden frente a la accesibilidad.

3.6 Conjuntos: Liberar el potencial de las colecciones únicas

En el universo de las colecciones de Python, los conjuntos destacan por su sencillez y eficacia. Imagina tener una bolsa donde cada objeto debe ser diferente; no puede haber dos objetos iguales. Esta es la esencia de los conjuntos en Python. Son parecidos a los conjuntos matemáticos que recuerdas de la escuela, diseñados para contener solo elementos únicos. Esta característica única hace de los conjuntos una herramienta inestimable en varios escenarios, especialmente cuando se trata de grandes conjuntos de datos donde la unicidad es clave.

Introducción a los conjuntos

Los conjuntos se crean en Python usando llaves `{}` o la función `set()`, y aseguran automáticamente que todos los elementos dentro de ellos son distintos. Si intentas añadir un elemento duplicado a un conjunto, Python ignora silenciosamente el intento, manteniendo la colección única del conjunto. Este comportamiento es especialmente útil cuando se necesita eliminar duplicados de los datos o cuando el orden de los elementos es irrelevante para la tarea.

A continuación te mostramos cómo puedes crear un conjunto:

```
sabores_unicos = {"chocolate", "vainilla", "fresa", "chocolate"}
print(sabores_unicos) # Salidas: {'chocolate', 'fresa', 'vainilla'}
```

¿Te das cuenta de que "chocolate" aparece dos veces? Cuando se imprima este conjunto, "chocolate" solo aparecerá una vez, porque los conjuntos solo permiten artículos únicos.

Establecer Operaciones

Los conjuntos admiten varias operaciones que reflejan las que se pueden encontrar en matemáticas, proporcionando una forma intuitiva de comparar colecciones de datos. Estas operaciones incluyen:

- **Unión**: Combina dos conjuntos en un nuevo conjunto que contiene todos los elementos de ambos conjuntos. Si ambos conjuntos tienen el mismo elemento, aparecerá solo una vez en la unión.

```python
set1 = {"manzana", "plátano", "cereza"}
set2 = {"cereza", "dátil", "higo"}
union_set = set1.union(set2)
# o
union_set = set1 | set2
print(union_set)  # Salidas: {plátano, 'cereza', 'manzana', 'dátil', 'higo'}
```

- **Intersección**: Determina qué elementos comparten dos conjuntos, creando un nuevo conjunto de estos elementos comunes.

```python
interseccion_set = set1.intersection(set2)
# o
interseccion_set = set1 & set2
print(interseccion_set)  # Salida: {'cereza'}
```

- **Diferencia**: Indica los elementos presentes en un conjunto pero no en el otro, lo que resulta útil para identificar lo que es exclusivo de un conjunto.

```python
diferencia_set = set1.difference(set2)
# o
diferencia_set = set1 - set2
print(diferencia_set)  # Salida: {'plátano', 'manzana'}
```

- **Diferencia simétrica**: Encuentra elementos en cualquiera de los dos conjuntos pero no en ambos, esencialmente lo contrario de la intersección.

```python
dif_sim_set = set1.symmetric_difference(set2)
# o
dif_sim_set = set1 ^ set2
print(dif_sim_set)  # Salida: {'plátano', 'dátil', 'manzana', 'higo'}
```

Estas operaciones pueden realizarse con métodos u operadores, lo que le da flexibilidad para elegir la sintaxis que te resulte más legible.

Casos prácticos de los conjuntos

La potencia de los conjuntos se materializa plenamente en escenarios que requieren comprobaciones de unicidad o pertenencia:

- **Eliminación de duplicados**: Fácilmente la aplicación más sencilla, convertir una lista en un conjunto elimina cualquier entrada duplicada, simplificando sus datos.

```python
lista_respuestas = ["sí", "no", "sí", "quizás", "no"]
respuestas_unicas = set(lista_respuestas)
print(respuestas_unicas)  # Salida: {'sí', 'no', 'quizás'}
```

- **Pruebas de pertenencia**: Comprobar si un elemento está en un conjunto es más rápido que comprobar si está en una lista o tupla, especialmente para colecciones grandes. Esta ventaja de velocidad hace que los conjuntos sean ideales para determinar rápidamente si un elemento existe en el conjunto de datos.

```python
usuarios_permitidos = {"lupita", "juan", "karla"}
usuario = "david"
if usuario in usuarios_permitidos:
    print("Acceso permitido")
else:
    print("Acceso denegado")  # Salida: Acceso denegado
```

Por ejemplo, considera un escenario en el que esté analizando datos de encuestas para encontrar respuestas únicas. Al convertir la lista de respuestas en un conjunto, se eliminan al instante los duplicados y solo quedan las respuestas únicas.

3.7 Consideraciones sobre el rendimiento

Una de las razones más convincentes para utilizar conjuntos es su rendimiento. Operaciones como la comprobación de la pertenencia son mucho más rápidas en los conjuntos que en las listas o tuplas. Esto se debe a la implementación subyacente de los conjuntos en Python, que permite comprobar rápidamente si un elemento está contenido en el conjunto. Esta eficiencia hace que los conjuntos sean una opción excelente para manejar grandes conjuntos de datos en los que el rendimiento es una preocupación.

Además, las operaciones matemáticas con conjuntos no solo son elegantes desde el punto de vista conceptual, sino que en Python están optimizadas para la velocidad. Esto significa que operaciones como la unión, la intersección y la diferencia pueden realizarse rápidamente, incluso en conjuntos grandes. Esta eficacia abre nuevas posibilidades para el análisis de datos, ya que permite manipular y comparar conjuntos de datos con facilidad.

En la práctica, las ventajas de rendimiento de los conjuntos pueden tener un impacto notable en sus programas. En el caso de las aplicaciones con muchos datos, la velocidad a la que los conjuntos gestionan tareas comunes puede dar lugar a un software más eficaz y con mayor capacidad de respuesta. Ya se trate de filtrar entradas duplicadas de miles de registros o de identificar rápidamente elementos comunes entre conjuntos de datos, los conjuntos ofrecen una combinación de simplicidad y velocidad difícil de superar.

En esencia, los conjuntos en Python proporcionan una mezcla única de rigor matemático y comodidad de programación. Simplifican la tarea de gestionar colecciones únicas de elementos, ofreciendo tanto claridad conceptual como eficiencia computacional. Tanto si está deduplicando datos, realizando análisis complejos o simplemente buscando una forma rápida de comprobar la pertenencia, los conjuntos son una herramienta inestimable en su caja de herramientas de Python. Su sencilla sintaxis, combinada con la potencia de las operaciones con conjuntos y las ventajas de rendimiento, los convierten en una parte esencial de la programación eficiente en Python.

3.8 Resumir colecciones

En Python, existen distintos tipos de colecciones que se utilizan para almacenar datos de diferentes maneras. Cada tipo —listas, tuplas, diccionarios y conjuntos— tiene características únicas y es adecuado para distintos casos de uso. Comprender cuándo y por qué usar cada uno puede mejorar significativamente la eficiencia y legibilidad de tu código.

A continuación se muestra una tabla que resume estas estructuras de datos, destacando su orden, mutabilidad, unicidad y los escenarios típicos en los que podrían ser la mejor opción. Esta guía te ayudará a elegir el tipo de colección más adecuado según las necesidades específicas de tu programa.

	Tipo	Ordenado	Mutable	Único	Casos de uso
[ ]	List (Lista)	✓	✓	✗	- Úsala cuando necesites una colección que pueda cambiar con el tiempo - Útil cuando importa el orden de los elementos - Buena para guardar una secuencia de elementos
( )	Tuple (Tupla)	✓	✗	✗	- Úsala cuando necesites una colección que no debe cambiar - Ideal para almacenar una secuencia de elementos que debe permanecer fija
{ : }	Dictionary (Diccionario)	✓	✓	✗	- Úsalo cuando necesites asociar valores con claves para una búsqueda rápida - Bueno para almacenar datos en pares clave/valor - Cada clave debe ser única, pero los valores pueden repetirse
{ }	Set (Conjunto)	✗	✓	✓	- Úsalo cuando necesites asegurarte de que no haya elementos duplicados - Útil para comprobar si un elemento pertenece al conjunto - Bueno para operaciones como intersección, unión y diferencia entre conjuntos

3.9 Bucles: El poder de la repetición

En Python, los bucles le dan vida a la magia de la automatización, permitiéndote realizar tareas repetitivas con facilidad. Es como poner tu lista de canciones favorita en modo repetición. Así como la lista vuelve automáticamente a la primera canción cuando termina la última, un bucle en Python repite un bloque de código de forma automática hasta que se cumple una condición específica o durante un número determinado de veces. Esto te ahorra el esfuerzo de iniciar cada canción manualmente, tal como los bucles ahorran tiempo y trabajo al automatizar tareas repetitivas en la programación.

Bucles for

El bucle for en Python es tu mejor aliado cuando necesitas recorrer una colección de elementos, como una lista o un rango de números. Imagina que tienes una lista de tus libros favoritos y quieres imprimir cada título. En lugar de escribir una instrucción print para cada uno, un bucle for te permite hacerlo en solo unas pocas líneas:

```
libros_favoritos = ["Guía del principiante absoluto para la programación en Python",
                 "1984", "El Gran Gatsby", "El Hobbit"]
for libro en libros_favoritos:
    print(libro)
```

Aquí, el bucle recorre cada elemento de `libros_favoritos`, lo asigna a `libro` y lo imprime. La simplicidad y legibilidad de los bucles `for` los convierten en un favorito entre los Pythonistas para manejar tareas repetitivas.

Uso de `range()`

La función `range()` genera una secuencia de números y es particularmente útil cuando se necesita ejecutar un bucle un número específico de veces. Se utiliza habitualmente en los bucles `for` para iterar sobre una secuencia de números , lo que permite realizar una acción varias veces. Esta función es útil cuando se sabe de antemano cuántas veces se necesita iterar pero no se dispone necesariamente de una lista de elementos sobre los que iterar.

```
for i in range(inicio, fin, paso):
    # Realiza la acción
```

- `inicio`: El punto de inicio de la secuencia. Este parámetro es opcional y, si se omite, la secuencia comienza en 0.

- `fin`: El punto final de la secuencia. La secuencia no incluye este número.

- `paso`: La diferencia entre cada número de la secuencia. Este parámetro es opcional y, si se omite, el paso es 1.

```
for i in range(0, 5):
    print(i)
```

Este bucle imprime números del 0 al 4. El `range(0, 5)` genera una secuencia de números que empieza en 0 y termina antes de 5.

Uso de `enumerate()`

La función `enumerate()` añade un contador a un iterable y lo devuelve como un objeto enumerado. Puede utilizarse directamente en bucles `for` para obtener tanto el índice como el valor de cada elemento de la secuencia. Es especialmente útil cuando se necesita tener acceso al índice de cada elemento al recorrer una lista o cualquier otro iterable.

```
for indice, valor in enumerate(iterable, inicio=0):
    # Realizar acción
```

- `iterable`: Cualquier objeto que admita iteración.

- `inicio`: El índice de inicio del contador. Este parámetro es opcional, y si se omite, el conteo comienza en 0.

```
libros_favoritos = ["Guía del principiante absoluto para la programación en Python",
                "1984", "El Gran Gatsby", "El Hobbit"].
for indice, libro in enumerate(libros_favoritos):
    print(f"{indice + 1}: {libro}")
```

Este bucle imprime cada libro de la lista libros_favoritos junto con su posición en la lista. La función `enumerate(libros_favoritos)` proporciona una forma cómoda de acceder tanto al índice como al valordurante cada iteración.

Tanto `range()` como `enumerate()` mejoran la funcionalidad de los bucles `for` en Python, ofreciendo un mayor control sobre la iteración cuando se trata de secuencias de elementos. Ya sea iterando un número específico de veces con `range()` o accediendo a pares índice-valor con `enumerate()`, estas herramientas hacen que tus bucles sean más potentes y expresivos.

3.10 Bucle `while`

Mientras que los bucles `for` son geniales para iterar sobre elementos, los bucles `while` brillan cuando necesitas ejecutar un bloque de código mientras cierta condición permanezca verdadera. Un bucle `while` sigue ejecutándose hasta que su condición deja de cumplirse. Considera un escenario en el que estás ahorrando dinero para una entrada de concierto. Puede que no sepas cuántas semanas tardarás en ahorrar lo suficiente, así que un bucle `while` es perfecto:

```
ahorros = 0
precio_boleto = 100
while ahorros < precio_boleto:
    ahorros += 25  # Supón que ahorras $25 por semana
    print(f"Ahorro hasta ahora: ${ahorros}")
```

Este bucle continúa ejecutándose -y sigues ahorrando- hasta que tus ahorros igualen o superen el precio del boleto. Los bucles `while` son increíblemente útiles, pero requieren un manejo cuidadoso para evitar crear un bucle infinito.

3.11 Declaraciones de control del bucle

A veces, puede que necesites más control sobre la ejecución de tu bucle. Aquí es donde las sentencias de control de bucle como `break`, `continue` y `else` entran en juego.

- `break` te permite salir de un bucle cuando se cumple una condición determinada. Es como decirle a tu cafetera que deje de preparar café si se queda sin agua.

- `continue` se salta el resto del cuerpo del bucle para la iteración actual y pasa a la siguiente. Es como saltarse una canción concreta de una lista de reproducción y continuar con el resto.

- `else` en bucles es un poco diferente de su uso en sentencias condicionales. Ejecuta un bloque de código una vez finalizado el bucle, pero solo si el bucle no ha finalizado con un `break`.

He aquí un ejemplo para ilustrar `break` y `continue`:

```python
for numero in range(1, 11):
    if numero == 5:
        continue  # Saltar el número 5
    if numero > 7:
        break  # Detener el bucle si el número es mayor que 7
    print(number)
```

Este bucle imprime los números del 1 al 4, se salta el 5 y luego imprime el 6 y el 7 antes de que la `break` detenga el bucle.

3.12 Anidamiento de bucles

Anidar bucles significa colocar un bucle dentro de otro. Esta técnica puede ser increíblemente poderosa para ciertas tareas, como iterar sobre estructuras de datos multidimensionales. Imagina una lista de listas, donde cada lista interior representa una categoría diferente de gastos para un presupuesto. Para recorrer cada gasto de cada categoría, utilizarías un bucle anidado:

```python
gastos = [
    [250, 150, 60],  # Gastos de la categoría 1
    [80, 20],        # Gastos de la categoría 2
    [100, 200, 150]  # Gastos de la categoría 3
]

for categoria in gastos:
    print("Nueva categoría:")
    for gasto in categoria:
        print(gasto)
```

Aquí, el bucle exterior itera sobre cada categoría, y el bucle interior itera sobre cada gasto dentro de esa categoría. Si bien los bucles anidados son potentes, también es donde la complejidad puede aumentar rápidamente. Los bucles muy anidados pueden hacer que el código sea más difícil de seguir y depurar. A menudo vale la pena explorar si la tarea en cuestión se puede simplificar o si hay una manera más sencilla de lograr el mismo resultado.

Los bucles en Python, con su capacidad para automatizar y simplificar tareas repetitivas, son indispensables. Ya sea iterando sobre elementos con un bucle `for`, ejecutando un bloque de código hasta que cambie una condición con un bucle `while`, o controlando el flujo de ejecución

CAPÍTULO 3: EXPLORAR PYTHON CON BUCLES Y COLECCIONES

con sentencias de control de bucle, estas estructuras mejoran la funcionalidad y eficiencia de tu código. Además, comprender cuándo y cómo anidar bucles abre aún más posibilidades, permitiéndote trabajar eficazmente con estructuras de datos complejas. Con estas herramientas, estarás bien equipado para abordar una amplia gama de tareas de programación, haciendo que tu código no solo sea funcional, sino también elegante.

3.13 Resumen del capítulo

En el Capítulo 3, exploramos las colecciones y bucles de Python, equipándote con las herramientas básicas para la organización, acceso y manipulación de datos.

Al explorar las complejidades de las listas, las tuplas, los diccionarios y los conjuntos, descubrimos las funciones vitales que desempeñan estas estructuras en el enfoque de Python para la gestión de datos. A través de ejemplos prácticos, hemos demostrado cómo las listas y tuplas sirven como contenedores versátiles, los diccionarios ofrecen un almacenamiento eficiente de clave-valor y los conjuntos aseguran la unicidad dentro de tus colecciones de datos.

Además, la exploración de los bucles `for` y while introdujo los mecanismos para iterar sobre estas colecciones y ejecutar código de forma repetitiva en función de condiciones, automatizando así las tareas y mejorando la eficacia de los programas.

3.14 Ejercicios propuestos

Ejercicio 1: Manipulación de listas

Descripción: Este ejercicio te ayudará a practicar operaciones básicas con listas, como añadir, eliminar y modificar elementos. Crearás una lista de tus películas favoritas, añadirás nuevas películas, eliminarás una e imprimirás la lista actualizada.

Tarea: Crea una lista de tus películas favoritas. Añade dos películas más, elimina una e imprime la lista actualizada.

Ejercicio 2: Acceso a matrices 2D

Descripción: Aprende a trabajar con matrices multidimensionales (listas de listas) creando una matriz de 3x3 y accediendo a sus elementos mediante bucles anidados. Este ejercicio mejorará tu comprensión de cómo iterar sobre estructuras de datos complejas.

Tarea: Crear una matriz de 3x3 e imprimir cada elemento utilizando bucles anidados.

Ejercicio 3: Operaciones de diccionario

Descripción: Este ejercicio se centra en las operaciones del diccionario, como añadir, actualizar y acceder a los valores. Crearás un diccionario para almacenar información sobre un libro, actualizar sus valores e imprimir todas las claves y valores.

Tarea: Crear un diccionario con información sobre un libro (título, autor, año). Añade una clave para el género, actualiza el año e imprime todas las claves y valores.

Ejercicio 4: Conjunto de operaciones

Descripción: Practica el trabajo con conjuntos creando un conjunto de palabras únicas a partir de una frase dada. Este ejercicio te ayudará a entender cómo los conjuntos manejan las operaciones de unicidad y pertenencia.

Tarea: Crear un conjunto de palabras únicas a partir de una frase dada.

Ejercicio 5: Bucle For

Descripción: Adquiere experiencia con los bucles for escribiendo un bucle que genere los 10 primeros números de la secuencia de Fibonacci. Este ejercicio mejorará tu comprensión de los procesos iterativos y la generación de secuencias.

Tarea: Escribe un bucle for para imprimir los 10 primeros números de la secuencia de Fibonacci.

Ejercicio 6: Bucle While

Descripción: Este ejercicio te ayudará a practicar los bucles while escribiendo un bucle para invertir una cadena. Comprenderás mejor la iteración basada en condiciones y la manipulación de cadenas.

Tarea: Escribir un bucle while para invertir una cadena.

Ejercicio 7: Tipo de datos combinados

Descripción: Aprende a trabajar con tipos de datos combinados creando una lista de diccionarios. Cada diccionario representará a un estudiante con claves para nombre y calificación. Imprime el nombre y la calificación de cada estudiante usando un bucle.

Tarea: Crear una lista de diccionarios, donde cada diccionario represente a un estudiante con claves para nombre y calificación. Imprime el nombre y la nota de cada estudiante utilizando un bucle.

3.15 Proyecto: Construir un juego de preguntas en Python

Este siguiente proyecto es un Juego de Preguntas, diseñado para reforzar tu comprensión de las colecciones y los bucles al aplicar estos conceptos de una manera divertida e interactiva. Este proyecto pone a prueba tus conocimientos y fomenta la resolución creativa de problemas y la práctica con código.

Objetivo: Crear un juego de preguntas interactivo que ponga a prueba el conocimiento del jugador en varios temas. El juego debe presentar una serie de preguntas, cada una con respuestas de opción múltiple, y llevar un registro de la puntuación del jugador durante toda la sesión.

Instrucciones de configuración

1. **Define preguntas y respuestas:**
   o Crea una lista de diccionarios, donde cada diccionario represente una pregunta del juego, sus opciones de respuesta múltiple y la respuesta correcta.

   Como el objetivo de este proyecto no es poner a prueba tu creatividad, te dejaré algunas preguntas más abajo. Úsalas si quieres… o no. Cualquiera de las dos opciones está bien.

2. **Flujo del juego:**
   o Muestra un mensaje de bienvenida al usuario.
   o Recorre las preguntas usando un bucle.

   Opcional: Puedes mezclar las preguntas de forma aleatoria para asegurar una experiencia de juego única cada vez. Para hacerlo, necesitas importar el paquete `random` de Python y luego mezclar la lista de preguntas. Todavía no hemos hablado sobre cómo importar paquetes en Python, así que aquí tienes el código para hacerlo:

```python
# Mezclar las preguntas
import random
random.shuffle(questions)
```

   o Itera sobre las preguntas, mostrando cada una al usuario junto con sus opciones de respuesta.
   o Pide al usuario que ingrese su respuesta para cada pregunta.

3. **Puntuación:**
   o Lleva un registro de la puntuación del usuario, incrementándola por cada respuesta correcta.
   o Proporciona retroalimentación inmediata después de cada pregunta, indicando si la respuesta fue correcta o incorrecta. Si fue incorrecta, muestra la respuesta correcta.
4. **Final del juego:**
   o Permite que el usuario salga del juego en cualquier momento escribiendo un comando específico (por ejemplo, 'exit').
   o Cuando se hayan respondido todas las preguntas o el usuario decida salir, muestra la puntuación final.

Criterios de éxito

- El juego debe ejecutarse correctamente sin errores.

- El usuario debe poder seleccionar su respuesta para cada pregunta y recibir retroalimentación inmediata.

- El juego debe llevar un registro preciso y mostrar la puntuación del usuario.

- El juego debe ofrecer la opción de salir en cualquier momento.

Preparándote para el éxito

- **Revisa las colecciones:** Comprende cómo las listas y los diccionarios pueden almacenar preguntas y opciones del juego.

- **Practica los bucles:** Familiarízate con los bucles `for` y `while` para recorrer las preguntas y validar las respuestas del usuario.

- **Entrada y salida:** Practica el uso de `input()` para capturar respuestas y `print()` para mostrar mensajes y preguntas.

Ejemplo de preguntas "altamente intelectuales"

Este proyecto está diseñado para reforzar tu comprensión de los conceptos fundamentales de Python, al mismo tiempo que te ofrece una forma divertida e interactiva de involucrarte con el material. Recuerda: la clave del éxito no es solo completar el proyecto, sino aprender y experimentar con Python en el camino..

1. ¿Qué tipo de dato se utiliza para almacenar elementos en una secuencia que mantiene el orden?
   ✓ 1) *List*
   ✗ 2) Tuple

✗ 3) Set

✗ 4) Dictionary

Explicación: Las listas son ordenadas, mutables y están listas para contener cualquier caos que les lances. Son tu primera mejor amiga en Python.

2. ¿Cuál es la mejor forma de ganar la codiciada insignia de "Conquistador del Código Certificado"?

✗ 1) Memorizar cada documento de Python palabra por palabra

✗ 2) Copiar y pegar código de internet sin pensar (ni probar)

✓ 3) *Practicar y cometer errores*

✗ 4) Rezarle a los dioses de Python (cada hora)

Explicación: La insignia de "Conquistador del Código Certificado" suena grandiosa. Totalmente exagerada. Absolutamente digna de presumirse. Pero sí… me la acabo de inventar.

3. ¿Qué tipo de colección en Python evita los duplicados?

✗ 1) List

✗ 2) Tuple

✓ 3) *Set*

✗ 4) Dictionary

Explicación: Los conjuntos (set) son como ese amigo que no tolera canciones repetidas en una playlist. Solo se permiten valores únicos—sin excepciones.

4. ¿Cuál es el mejor lugar para probar tu código?

✗ 1) Directamente en producción—ahí hay más testers

✓ 2) *En un entorno de pruebas controlado*

✗ 3) No es necesario probar—si el compilador no se queja, todo está bien

✗ 4) En la computadora de tu compañero (así puedes echarle la culpa)

Explicación: Claro, producción tiene más usuarios… pero también más testigos. Si algo explota ahí, tu reputación—y tal vez hasta tu trabajo—podrían estar en juego. Prueba con responsabilidad.

5. ¿Qué estructura de Python debes usar para recorrer cada carácter de una palabra?

✓ 1) *For loop*

✗ 2) While loop

✗ 3) If statement

✗ 4) Print statement

Explicación: El bucle for fue prácticamente hecho para esto. Es la navaja suiza de la iteración: limpio, simple y efectivo.

6. ¿Qué colección de Python permite almacenar elementos únicos identificados por una clave?

✗ 1) List

✗ 2) Tuple

✗ 3) Set

✓ 4) *Dictionary*

Explicación: Si una lista es una caja, un diccionario es un archivero con etiquetas. Llaves, valores, y nada de adivinar dónde está cada cosa.

7. ¿Dónde nacen los bugs?

✓ *1) Cuando el desarrollador lo escribió*

✗ 2) Cuando el de QA lo descubrió (igual que la gravedad)

✗ 3) Después de que escapó a producción

✗ 4) Nunca. Yo no genero bugs—pero sí cobro por arreglarlos.

Explicación: Igual que la gravedad, no existía… hasta que alguien lo descubrió.

Ejemplo de salida posible

```
¡Bienvenido al Juego Básico de Preguntas!

1/7: ¿Qué tipo de dato se utiliza para almacenar elementos en una secuencia que mantiene el orden?
1. List
2. Tuple
3. Set
4. Dictionary
Tu respuesta (1-4): 3
¡Incorrecto! La respuesta correcta es: List

2/7: ¿Qué estructura de Python debes usar para recorrer cada carácter de una palabra?
1. For loop
2. While loop
3. If statement
4. Print Statement
Tu respuesta (1-4): 1
¡Correcto! Ganaste un punto.
```

… contenido eliminado por exceso de genialidad …

```
7/7: ¿Qué colección de Python permite almacenar elementos únicos identificados por una clave?
1. List
2. Tuple
3. Set
4. Dictionary
Tu respuesta (1-4): 4
```

```
¡Correcto! Ganaste un punto.

¡Juego terminado! Tu puntuación es: 6/7
```

¿Crees que puedes hacerlo mejor que yo y sacar 7 de 7? Crea tu propia versión y demuéstralo…

Capítulo 4: El poder de las funciones, módulos, paquetes y lambdas

En este capítulo, nos adentramos en los bloques de construcción esenciales que elevan tu programación en Python de simples scripts a aplicaciones robustas y escalables. Al dominar las funciones, encapsulas tareas en unidades reutilizables, mejorando la modularidad y eficiencia del código. Los módulos amplían esta organización, permitiéndote agrupar funciones, variables y clases relacionadas, facilitando la reutilización y claridad del código. Las funciones lambda introducen una capa de concisión, permitiéndote escribir funciones anónimas para operaciones rápidas en línea. Juntos, estos elementos forman la piedra angular de la programación en Python, permitiéndote escribir código más limpio, eficiente y fácil de mantener.

4.1 Funciones

En Python, las funciones son los bloques de construcción esenciales para estructurar y reutilizar código. Permiten encapsular una tarea en una unidad de trabajo única y coherente que puede utilizarse repetidamente en todo el programa. Entender las funciones es clave para escribir código limpio, eficiente y modular.

Creación de funciones

Una función se define utilizando la palabra clave `def`, seguida del nombre de la función y de paréntesis `()` que pueden incluir parámetros. El bloque de código dentro de la función comienza con dos puntos : y va sangrado.

```
def saludar(nombre):
    print(f"¡Hola, {nombre}!")
```

Llamada de funciones

Para ejecutar una función, se utiliza el nombre de la función seguido de un paréntesis. Si la función necesita argumentos, debes introducirlos dentro del paréntesis.

```
saludar("María")
```

Pasar y devolver valores

Al definir una función, puedes especificar parámetros que te permitan pasarle información. Estos parámetros actúan como marcadores de posición para los valores reales, o argumentos, que tú llamas cuando llamas a la función. Este mecanismo permite ejecutar una función con distintos datos, lo que hace que las funciones sean más flexibles y reutilizables.

Además, las funciones no se limitan a realizar acciones, sino que también pueden devolver resultados mediante la palabra clave `return`. Esta característica resulta especialmente útil cuando se necesita el resultado de una función para realizar más cálculos o tomar decisiones en el programa. Por ejemplo:

```
def sumar_numeros(num1, num2):
    return num1 + num2
```

En este caso, `sumar_numeros` acepta dos argumentos, los suma y devuelve el resultado, que puede utilizarse en cualquier otra parte del programa.

Parámetros por defecto

Una potente característica de las funciones de Python es la posibilidad de definir funciones con parámetros por defecto. Los parámetros por defecto te permiten asignar un valor por defecto a un parámetro que se utilizará si no se le pasa ningún argumento cuando se llame a la función. Esto hace que tus funciones sean aún más flexibles, permitiendo que sean llamadas con menos argumentos de los que están definidas para aceptar.

Los parámetros por defecto se definen asignando valores en la declaración de la función. Por ejemplo:

```
def saludar(nombre, mensaje="Hola"):
    print(f"{mensaje}, {nombre}!")
```

En esta función `saludar`, `nombre` es un parámetro obligatorio, mientras que `mensaje` es opcional con un valor por defecto de `"Hola"`. Esto permite llamar a la función de dos maneras:

```
saludar("Jasmin")            # Utiliza el mensaje por defecto: "¡Hola, Jasmin!"
saludar("Bob", "Buenos días") # Utiliza un mensaje personalizado: "¡Buenos días, Bob!"
```

Esta característica es particularmente útil para funciones que tienen opciones que frecuentemente no se especifican porque tienen valores por defecto comunes. También ayuda a reducir la cantidad de código necesario para las llamadas a funciones, lo que hace que el código sea más limpio y legible.

Cuando se usan parámetros por defecto, cualquier parámetro con valores por defecto debe definirse después de aquellos sin valores por defecto en la firma de la función. Esto es para asegurar que Python sabe a qué parámetro se está refiriendo cuando se llama a la función.

4.2 Ámbito y vida útil de las variables

El concepto de ámbito es crucial cuando se trabaja con funciones. Determina en qué parte del programa se puede acceder a una variable. Las variables definidas dentro de una función tienen un ámbito local, lo que significa que solo se puede acceder a ellas dentro de esa función. Por el contrario, las variables definidas fuera de cualquier función tienen un ámbito global, lo que las hace accesibles en todo el programa.

La duración de una variable se refiere al tiempo que existe en memoria. En el caso de las variables locales, esta duración se limita al tiempo en que se ejecuta la función. Una vez que la función finaliza, estas variables se descartan, convirtiéndose en marcadores de posición temporales que ayudan a la función a realizar su tarea sin afectar al resto de tu programa.

Comprender el alcance y el tiempo de vida ayuda a evitar conflictos y errores en el código, garantizando que cada función interactúe con el resto del programa de forma predecible.

4.3 Variables globales

En Python, las variables tienen un ámbito, que determina dónde pueden ser accedidas o modificadas en tu código. Hasta este punto, nos hemos centrado en las variables locales, variables que se definen dentro de una función y que solo se pueden utilizar dentro de esa función. Ahora, vamos a introducir otro tipo: las variables globales.

¿Qué es una variable global?

Una variable global es una variable que se define fuera de cualquier función, haciéndola accesible a través de todo el programa. Esto significa que puedes leer o modificar la variable desde cualquier función o parte de tu código. Las variables globales se utilizan a menudo para almacenar información que necesita ser compartida o accesible por múltiples partes de un programa.

Definición y uso de variables globales

Veamos un ejemplo para ver cómo funciona una variable global:

```python
# Definir una variable global
contador = 0

def incrementar_contador():
    global contador    # Declara la variable global dentro de la función
    contador += 1      # Modificar la variable global
    print(f"Contador después del incremento: {contador}")

incrementar_contador()    # Salida: Contador después del incremento: 1
incrementar_contador()    # Salida: Contador después del incremento: 2
```

Puntos clave:

- **Declaración**: Una variable global se declara fuera de cualquier función.
- **Acceso y modificación**: Para modificar una variable global dentro de una función, debes usar la palabra clave global. Esto indica a Python que se está refiriendo a la variable definida fuera de la función, no creando una nueva variable local.

¿Por qué utilizar variables globales?

Las variables globales pueden ser útiles en situaciones en las que varias funciones necesitan acceder o modificar los mismos datos. Por ejemplo, en un juego, una variable global podría utilizarse para hacer un seguimiento de la puntuación del jugador en los distintos niveles.

Sin embargo, las variables globales deben utilizarse con moderación, ya que pueden dificultar la lectura y depuración del código. Estos son algunos escenarios en los que las variables globales pueden ser apropiadas:

- **Gestión del estado del programa**: Almacenamiento del estado de un programa, como los ajustes o configuraciones del usuario, que debe persistir y estar disponible para todas las funciones.
- **Contadores o acumuladores**: Llevar la cuenta de recuentos o totales que múltiples funciones necesitan actualizar.

Precaución: Peligros del uso de variables globales

Aunque las variables globales pueden ser útiles, su uso excesivo puede acarrear algunos problemas:

- **Cambios involuntarios**: Si muchas funciones pueden cambiar una variable global, puede ser difícil rastrear dónde o por qué se modificó un valor, lo que lleva a errores.
- **Menor claridad del código**: El código que se basa en gran medida en variables globales puede ser más difícil de leer y entender, especialmente en proyectos más grandes.
- **Reutilización limitada**: Las funciones que dependen de variables globales son menos flexibles y más difíciles de reutilizar en diferentes contextos.

Buenas prácticas para las variables globales

Para evitar estos escollos, aquí tienes algunas buenas prácticas para utilizar variables globales:

- **Minimice el uso**: Utiliza variables globales solo cuando sea necesario. Prefiere pasar variables como parámetros a funciones o devolver valores de funciones.

- **Nombres descriptivos**: Da a las variables globales nombres significativos que indiquen claramente su propósito. Esto ayuda a que el código sea más fácil de leer y mantener.

- **Encapsulación**: Considera la posibilidad de encapsular variables globales relacionadas dentro de una clase o un módulo específico. Esto puede ayudar a agruparlas de forma lógica y reducir el riesgo de efectos secundarios no deseados.

Ejemplo Práctico: Uso de variables globales en un juego sencillo

Veamos un ejemplo práctico en el que las variables globales pueden ser útiles. Imagina que estás construyendo un juego sencillo en el que necesitas llevar la cuenta de la puntuación del jugador.

```python
puntuacion = 0  # Variable global para llevar la cuenta de la puntuación

def sumar_puntos(puntos):
    global puntuacion
    puntuacion += puntos
    print(f"¡Puntuación actualizada! Nueva puntuación: {puntuacion}")

def restablecer_puntuacion():
    global puntuacion
    puntuacion = 0
    print("¡Puntuación a cero!")

sumar_puntos(10)    # Añade 10 puntos
sumar_puntos(5)     # Añade 5 puntos más
restablecer_puntuacion()    # Restablece la puntuación
```

En este ejemplo, la variable global puntuacion es utilizada por múltiples funciones (sumar_puntos y restablecer_puntuacion) para gestionar el sistema de puntuación del juego.

Cuándo evitar las variables globales

Las variables globales deben evitarse en los siguientes casos:

- **Programas complejos**: En el caso de aplicaciones grandes y complejas, las variables globales pueden dar lugar a código muy acoplado, lo que dificulta su mantenimiento y ampliación.

- **Programas multihilo**: En aplicaciones concurrentes o multihilo, las variables globales pueden crear condiciones de carrera, en las que varios hilos intentan modificar la misma variable simultáneamente, dando lugar a un comportamiento impredecible.

Las variables globales son útiles para almacenar información a la que es necesario acceder a través de múltiples funciones o módulos. Sin embargo, deben utilizarse con precaución para evitar efectos secundarios no deseados y para mantener la legibilidad y facilidad de mantenimiento del código. Siguiendo las mejores prácticas, puedes aprovechar las variables globales de forma efectiva cuando sea necesario.

4.4 Módulos

Los módulos en Python son esenciales para organizar funciones, variables y clases en archivos separados. Esta organización mejora la legibilidad y manejabilidad del código, facilita su reutilización y garantiza una separación clara entre espacios de nombres.

Crear un módulo

Un archivo Python con extensión .py se considera un módulo. Dentro de este archivo, puedes definir funciones, variables y clases, que luego pueden ser importadas y utilizadas en otros scripts de Python. Por ejemplo, vamos a crear un módulo simple:

```python
# mimodulo.py
def decir_hola(nombre):
    print(f"¡Hola, {nombre}!")
```

Uso de módulos

Para utilizar el módulo que has creado, emplea la sentencia `import` para introducir cualquier definición del módulo en tu script actual.

```python
import mimodulo
mimodulo.decir_hola("Bob")
```

El `if __name__ == "__main__":` Idiom

Un aspecto importante de los módulos de Python es determinar si el módulo se está ejecutando como programa principal o se está importando en otro script. Aquí es donde entra en juego lo que se conoce como el **idiom** `if __name__ == "__main__":`

```
# mimodulo.py
def decir_hola(nombre):
    print(f"¡Hola, {nombre}!")


if __name__ == "__main__":
    # Bloque de código que se ejecuta solo cuando el módulo se ejecuta directamente
    decir_hola("Sofia")
```

Cuando `mimodulo.py` se ejecuta directamente, el código bajo `if __name__ == "__main__":` se ejecuta. Esto permite que un módulo cumpla dos funciones: ser reutilizado por otros scripts como componente, o ejecutarse de forma independiente para pruebas o uso directo.

Significado del doble guión bajo (__) en Python

Los guiones bajos dobles (también conocidos como "dunders") en nombres de variables como `__name__` se usan para variables y métodos especiales o "mágicos" que Python usa internamente. No están pensados para un uso regular en tu código, sino que están diseñados para ayudar al intérprete de Python a diferenciar entre elementos definidos por el usuario y su sistema interno.

- **`__name__`**: Esta es una variable especial incorporada en cada módulo de Python. Cuando un módulo se ejecuta directamente, Python establece `__name__` a `"__main__"`. Cuando el mismo módulo se importa en otro script, `__name__` se establece con el nombre del módulo. Esta distinción permite la ejecución condicional basada en cómo se está utilizando el módulo.
- **¿Por qué usar guiones bajos dobles?** Usar guiones bajos dobles ayuda a prevenir conflictos de nombres entre las variables definidas por el usuario y las funcionalidades incorporadas de Python. Separa los mecanismos internos de Python del código que escribes, mejorando la claridad y reduciendo el riesgo de sobreescritura accidental.

Buenas prácticas para organizar módulos

- **Convenciones de nomenclatura:** Utiliza nombres claros y descriptivos para los módulos. Los nombres de módulos Python deben estar en minúsculas, con guiones bajos para separar las palabras si es necesario para mejorar la legibilidad.

- **Estructura lógica:** Agrupa en un mismo módulo las funciones, clases y variables que estén relacionadas. Esta organización te ayudará a mantener tu código más claro, fácil de entender y listo para crecer sin complicaciones.
- **Reutilización y separación de espacios de nombres:** Utiliza módulos para reutilizar eficazmente el código en distintas partes del proyecto. Este enfoque ayuda a evitar conflictos de nombres y mantiene el código bien organizado.

4.5 Paquetes

Los paquetes de Python ofrecen un nivel de organización más avanzado que los módulos de un solo archivo, ya que permiten estructurar el espacio de nombres de los módulos de Python utilizando "nombres de módulos con puntos". Un paquete es esencialmente un directorio que contiene un archivo especial llamado `__init__.py`, que también puede incluir uno o más módulos o incluso subpaquetes.

Creación de un paquete

Organizar un conjunto de módulos relacionados en un paquete puede mejorar significativamente la mantenibilidad y escalabilidad de tus proyectos. Por ejemplo, si estás desarrollando funciones relacionadas con la gestión de la información de los usuarios, como perfiles y permisos, puedes organizarlas en un paquete para estructurarlas mejor.

1. Crea un directorio: Nombra el directorio con el nombre de tu paquete, por ejemplo `usuario`. Este nombre se utilizará para importar el paquete o sus módulos en otras partes de tu aplicación.

2. Añade `__init__.py`: Dentro del directorio de usuario, añade un archivo `__init__.py`. Este archivo puede estar vacío, pero indica a Python que este directorio debe ser tratado como un paquete.

3. Incluir módulos: Mueve tus módulos relacionados, como `perfil_usuario.py` y `permisos_usuario.py`, al directorio.

Uso de paquetes

Para utilizar los módulos de su paquete, puedes importarlos utilizando el nombre del paquete seguido del nombre del módulo. Este enfoque te permite acceder a las funciones, clases y variables definidas dentro de esos módulos de una manera estructurada.

```
from usuario import perfil_usuario
perfil_usuario.crear_perfil("Jose")
```

Importaciones relativas

Dentro de un paquete, los módulos pueden utilizar importaciones relativas para acceder a módulos hermanos. Esto puede facilitar la refactorización y el desplazamiento de los módulos sin romper las importaciones. Por ejemplo, si `perfil_usuario.py` necesita importar una función de `permisos_usuario.py`, puedes usar:

```
from . permisos_usuario.py import alguna_funcion
```

El punto (`.`) indica una importación relativa que comienza en el mismo directorio que el módulo que realiza la importación.

Buenas prácticas para organizar módulos y paquetes

- Claridad y sencillez en el diseño de funciones: Asegúrate de que las funciones dentro de tus módulos y paquetes tienen un propósito claro y realizan una única tarea para mejorar la legibilidad y mantenibilidad.

- Nombres descriptivos: Elige nombres que reflejen el propósito y el contenido de tus módulos y paquetes, facilitando la navegación y la comprensión de tu código base.

- Estructura lógica: Organiza las funciones relacionadas en módulos y agrupa los módulos relacionados en paquetes. Esto no solo hace que tu código sea más navegable, sino que también simplifica su ampliación y mantenimiento.

- Utilizar `__init__.py` para la inicialización de paquetes: Más allá de la simple señalización de que un directorio es un paquete, `__init__.py` también se puede utilizar para realizar tareas de inicialización a nivel de paquete, como la configuración de los datos de todo el paquete o la importación de los módulos necesarios para el uso interno del paquete.

Los paquetes en Python son un poderoso mecanismo para estructurar y organizar tu código, permitiendo el desarrollo de proyectos escalables y mantenibles. Mediante el uso eficaz de módulos para la organización y paquetes para la agrupación de módulos, junto con la adhesión a las mejores prácticas en el diseño y la estructura, se crea una base sólida para tus proyectos que pueden acomodar el crecimiento y la complejidad.

4.6 Función `lambda`

Las funciones lambda, o funciones anónimas, son una forma concisa de crear pequeñas funciones en Python. Definidas con la palabra clave `lambda`, pueden aceptar cualquier número de argumentos, pero están limitadas a una única expresión. La simplicidad y la sintaxis concisa de las funciones lambda las hacen ideales para tareas sencillas en las que una definición de función completa sería innecesariamente prolija.

¿Por qué utilizar la función lambda?

Las funciones lambda son perfectas para operaciones de corta duración, especialmente dentro de funciones de orden superior como `sorted()`, `filter()` y `map()` que toman funciones como argumentos. Permiten escribir código más limpio y legible para operaciones que se expresan fácilmente en una sola línea.

Estructura de la función lambda

La sintaxis de una función lambda es la siguiente:

```
argumentos lambda: expresión
```

- `lambda`: Esta palabra clave inicia la función anónima.
- `argumentos`: Similares a los argumentos de las funciones estándar, son las entradas de tu función lambda. Pueden ser un único argumento, varios argumentos separados por comas o ninguno.
- `expresión`: Una única expresión que es evaluada y devuelta por la función. Puede realizar operaciones sobre los argumentos e incluir operaciones aritméticas, lógicas, etc.

Ejemplo sencillo de lambda: Multiplicación de números

Consideremos una función lambda que multiplica dos números:

```
multiplicar = lambda x, y: x * y
print(multiplicar(2, 3))  # Salida: 6
```

Esto demuestra cómo una función lambda puede realizar sucintamente una operación con dos argumentos.

Usos ideales de Lambda

Las funciones lambda son las más adecuadas para operaciones que pueden expresarse en una sola línea. Por ejemplo, en un programa de calculadora de préstamos, el cálculo de los pagos mensuales puede hacerse sucintamente con una lambda:

```
pago = lambda P, r, n: P * (r * (1 + r) ** n) / ((1 + r) ** n - 1)
pago_mensual = pago(100000, 0.05/12, 10*12)
print(f"Pago mensual: ${pago_mensual:.2f}")
```

4.7 Mejora de la función lambda con `filter`, `map`, y `sorted`

Las funciones lambda brillan cuando se utilizan junto con funciones de orden superior como `filter`, `map` y `sorted`. Estas funciones toman otra función como argumento, lo que hace de las funciones lambda el compañero perfecto para un código conciso y legible.

Uso de la función `filter()` con la función lambda

La función `filter()` se utiliza para crear un iterador a partir de los elementos de un iterable para los que una función devuelve verdadero. En combinación con una función lambda, `filter()` puede filtrar sucintamente elementos de una colección. Por ejemplo:

```
numeros = [1, 2, 3, 4, 5, 6]
numeros_pares = list(filter(lambda x: x % 2 == 0, numeros))
print(numeros_pares) # Salida: [2, 4, 6]
```

Uso de `map` con la función lambda

La función `map()` aplica una función determinada a todos los elementos de una lista de entrada. Una función lambda utilizada con `map()` permite aplicar transformaciones sencillas a cada elemento de la colección. Por ejemplo:

```
numeros = [1, 2, 3, 4, 5]
numeros_cuadrados = list(map(lambda x: x**2, numeros))
print(numeros_cuadrados) # Salida: [1, 4, 9, 16, 25]
```

Ordenación con función lambda

La función `sorted()` ordena los elementos de un iterable dado en un orden específico (por defecto es ascendente) y devuelve una nueva lista ordenada. Las funciones lambda pueden utilizarse como el argumento `clave` en `sorted()` para definir una lógica de ordenación personalizada. Por ejemplo:

```
frutas = [('manzana', 2), ('naranja', 5), ('plátano', 1)]
frutas_ordenadas = sorted(frutas, clave=lambda x: x[1])
print(frutas_ordenadas) # Salida: [('plátano', 1), ('manzana', 2), ('naranja', 5)
```

NOTAS NERD   El efecto martillo de lambda

*Cuando estás empezando a programar—y finalmente entiendes cómo funcionan las lambdas—se siente como haber descubierto una herramienta mágica. De pronto, **cada problema parece tener solución con esa brillante línea de una sola expresión**.*

Este fenómeno es tan común que incluso hay un dicho: "Cuando todo lo que tienes es un martillo, todo te parece un clavo." En Python, ese martillo a veces se llama lambda.

Pero aquí va la verdad: solo porque puedes usar una lambda no significa que debas hacerlo. Muchas veces, una función def *tradicional es más clara, más fácil de probar, y mucho más mantenible.*

Las lambdas son como la salsa picante—bien usada, le da el toque perfecto. Pero si te pasas, terminas odiando la vida, sudando sobre el código, picor solo por el picor, preguntándote en qué momento se perdió el sabor.

Mejores prácticas con la función lambda

- **Utilizar con moderación:** Para el código más complejo o reutilizable, es preferible una definición de función completa en aras de la legibilidad y la facilidad de mantenimiento.
- **La legibilidad importa:** Si el uso de una función lambda complica la comprensión del código, considera la posibilidad de definir una función regular.
- **Hazlo sencillo:** Las funciones lambda están diseñadas para ser sencillas. Cualquier cosa más compleja debe articularse a través de una función definida.

Las funciones lambda en Python ofrecen una forma simplificada de realizar operaciones sencillas y son particularmente eficaces cuando se utilizan junto con funciones de orden superior. Entender cuándo y cómo usar funciones lambda puede mejorar enormemente la legibilidad y eficiencia de tu código Python. Sin embargo, es importante equilibrar su conveniencia con la claridad general del código, optando por definiciones de funciones tradicionales cuando aumenta la complejidad.

4.8 Resumen del capítulo

A lo largo de este capítulo, hemos explorado los fundamentos y complejidades de las funciones, módulos y expresiones lambda en Python. Comenzando con las funciones, aprendimos cómo definirlas, llamarlas y pasarles información, y cómo pueden devolver valores, mejorando la modularidad y reusabilidad de nuestro código. A continuación, ampliamos nuestro conjunto de herramientas mediante la organización de estas funciones en módulos, haciendo nuestros proyectos más navegables y manejables. Los paquetes se introdujeron como un medio para estructurar aún más nuestro código base, utilizando "nombres de módulo con puntos" para la organización del espacio de nombres.

Las funciones lambda se destacaron por su capacidad para realizar operaciones de forma concisa, ideales para tareas de corta duración que complementan funciones de orden superior como `sorted()`, `filter()` y `map()`. Demostramos su eficacia a la hora de simplificar el código para operaciones como multiplicar números, ordenar datos, etc. mediante ejemplos prácticos.

4.9 Ejercicios propuestos

Ejercicio 1: Función básica Creación

Descripción: Practica la creación de funciones que realicen tareas sencillas.

Tarea: Escribe una función que tome una lista de números y devuelva la suma de los números.

Ejercicio 2: Alcance y vida útil

Descripción: Comprender el ámbito de las variables trabajando con variables globales y locales.

Tarea: Escribe una función que modifique una variable global y otra función que utilice una variable local con el mismo nombre.

Ejercicio 3: Uso de módulos estándar

Descripción: Practicar la importación y el uso de módulos de biblioteca estándar.

Tarea: Escribe un script que utilice el módulo `math` para calcular el área de un círculo dado su radio.

Ejercicio 4: Creación e importación de módulos personalizados

Descripción: Aprende a crear e importar módulos personalizados.

Tarea: Crea un módulo personalizado con una función que compruebe si un número es primo y utilízalo en un script.

Ejercicio 5: Trabajar con paquetes

Descripción: Comprender la estructura y el uso de los paquetes.

Tarea: Crear un paquete con varios módulos y utilizarlos en un script.

Ejercicio 6: Función lambda

Descripción: Practica la creación y uso de funciones lambda.

Tarea: Escribe un script que utilice una función lambda para ordenar una lista de tuplas por el segundo elemento.

4.10 Proyecto: Juego del gato

En este proyecto, construirás un juego del gato. Es un juego sencillo pero entretenido que sirve como una excelente introducción a los fundamentos de la programación. Conocido mundialmente como "Tic-Tac-Toe" en Estados Unidos, "Noughts and Crosses" en el Reino Unido y "Xs and Os" en Canadá e Irlanda, el atractivo universal de este juego radica en su simplicidad y en el pensamiento estratégico que requiere.

En esta sección, construiremos una versión básica del juego del gato en la que dos jugadores humanos pueden competir entre sí. Al programar este juego, aprenderás a controlar el flujo del juego, manejar el estado y aplicar los conceptos básicos de la interacción con el usuario — habilidades fundamentales para cualquier programador en formación.

Comprender el flujo del juego

Antes de empezar a programar, primero entendamos cómo funciona realmente el juego. Este diagrama simplificado muestra el flujo básico de un juego del gato: desde la preparación hasta que alguien gana (o se declara un empate):

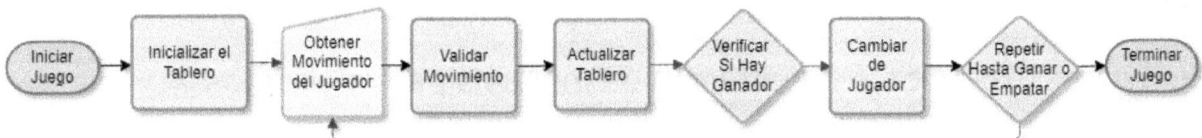

Cada parte de este flujo representa un paso que implementaremos. Usando Python, manejaremos las entradas de los jugadores, validaremos los movimientos, actualizaremos el estado del juego y determinaremos el resultado de la partida.

Conceptos básicos que deben aplicarse

- **Inicialización del tablero**: Configuración de una cuadrícula de 3x3.
- **Turnos de los jugadores**: Turnos alternos entre el jugador X y el jugador O.
- **Validación del movimiento**: Asegurarse de que la posición elegida es válida.
- **Comprobación de la condición de victoria**: Determinar si un jugador ha ganado.

- **Comprobación del estado del empate**: Detectar un empate si no quedan espacios.

Más adelante en este capítulo, mejoraremos esta primera versión para incluir IA. Luego, en el Capítulo 7 - "Interfaces gráficas de usuario con Tkinter ", la convertiremos de una aplicación basada en consola a una GUI .

Requisitos del proyecto

El juego debería:

- Permitir que dos jugadores jueguen al Gato.
- Permitir a los jugadores introducir sus movimientos.
- Validar los movimientos para asegurarse de que son legales.
- Anunciar un ganador o declarar un sorteo.

4.11 Diseño y fluidez del juego

Representación en el Tablero

El tablero de juego se representa como una lista de cadenas, en la que cada cadena puede ser "X", "O" o estar vacía para indicar un lugar disponible. El tablero empieza completamente vacío, así:

```
tablero = [" ", " ", " ", " ", " ", " ", " ", " "]
```

o una versión más concisa de lo mismo utilizando una sola lista con nueve espacios de cadena vacíos, utilizando la multiplicación de listas para una configuración concisa:

```
tablero = [" "] * 9
```

Representación visual del tablero:

```
0 | 1 | 2
---+---+---
3 | 4 | 5
---+---+---
6 | 7 | 8
```

4.12 Guía paso a paso para construir el juego

Paso 1: Implementar `mecanica_juego.py`

Crea funciones para inicializar el tablero, comprobar si hay un ganador y comprobar si hay un empate.

1. **Inicializar el tablero**:

   o Propósito: Crear una lista que contenga un tablero vacío.
   o **Sugerencia de implementación**: Devuelve una tabla vacía con una sentencia como esta: `return [" "] * 9`

2. **La función Juego Empatado**:

   o Propósito: Crear un método que compruebe si el juego ha terminado en empate (es decir, el tablero está lleno y no quedan espacios).
   o Consejo de Implementación: Iterar sobre el tablero para ver si alguna celda sigue vacía. Devuelve `True` si no se encuentra ninguna; en caso contrario, devuelve `False`.

   Una aproximación pitónica sería: `return " " not in tablero`

   `tablero` es una variable de lista que contiene el tablero.

3. **La función Ganador del juego**:

   o Objetivo: Escribir un método para determinar si un jugador ha ganado la partida.
   o Consejo de aplicación: Define todas las combinaciones ganadoras posibles (filas, columnas, diagonales). Consulta la imagen "Posiciones ganadoras". Comprueba si alguna combinación tiene el mismo símbolo de jugador en todas sus casillas. Devuelve el símbolo de jugador ganador si se detecta una ganancia; en caso contrario, devuelve `null`.

POSICIONES GANADORAS

Paso 2: Implementar `juego_iu.py`

Este paso implica la creación de la interfaz de usuario para tu juego del Gato. Escribiremos funciones para mostrar el tablero de juego y para manejar la entrada del jugador de manera efectiva.

1. **Mostrar el tablero:**
   o **Objetivo:** Mostrar el estado actual del tablero de juego en un formato fácil de usar.
   o **Consejo de aplicación:** Utiliza sentencias print para mostrar el tablero como una cuadrícula. Se puede acceder a cada celda a través de su índice en la lista, y debe incluir líneas para separar las filas.
2. **Conseguir movimiento de jugador humano:**
   o **Finalidad:** Obtener y validar la jugada del jugador actual. Asegurarse de que la jugada seleccionada es válida (es decir, la casilla elegida está vacía y dentro del rango del tablero).
   o **Consejo de implementación:** Pregunta al jugador por su movimiento utilizando la entrada y comprueba si la posición seleccionada es válida. La función debe manejar las entradas no válidas con elegancia y preguntar al jugador de nuevo si es necesario. Considera la posibilidad de utilizar un bucle para seguir preguntando hasta que se realice un movimiento válido.

Estas funciones constituyen el núcleo de la interfaz de usuario de tu juego, ya que se encargan tanto de la visualización del estado del juego como de la interacción con los jugadores. Asegúrate de que estas funciones sean sólidas y fáciles de usar para ofrecer una experiencia de juego fluida.

Paso 3: Implementar `main.py`

Une todo usando una función principal que controle el flujo del juego. Este diagrama representa el flujo del juego implementado en la versión del libro

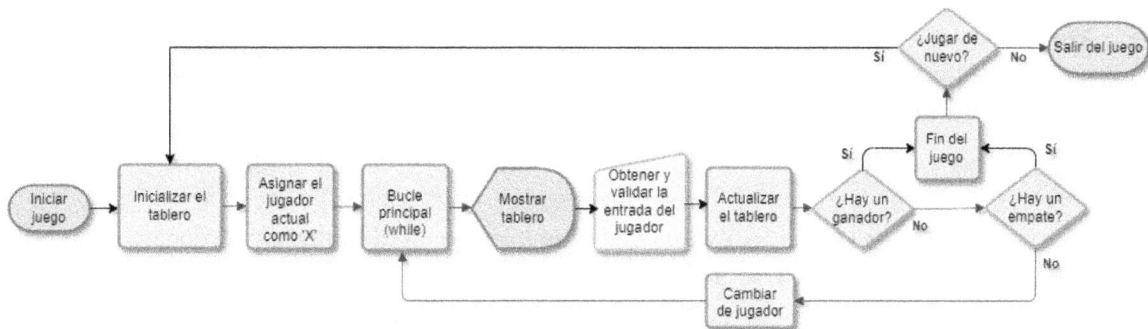

Tómete un descanso

Ahora que ya has construido tu propio juego de Gato, ¡es hora de ponerlo a prueba! Tómate un merecido descanso y desafía a un amigo o familiar a jugar unas rondas. Jugar ayuda a consolidar lo que has aprendido y te permite disfrutar de los frutos de tu trabajo.

Experimenta de primera mano cómo tu código se traduce en un juego divertido e interactivo. Observa cómo fluye el juego, toma nota de cualquier comportamiento inesperado y piensa en qué se podría mejorar. Esta experiencia práctica tiene un valor incalculable a medida que avanzas en tu aprendizaje de la programación.

Una vez que te sientas cómodo con el funcionamiento de todo, estarás listo para afrontar el siguiente reto: introducir un oponente IA. ¡Prepárate para elevar tu juego al siguiente nivel!

4.13 Presentación de un adversario IA

Ahora que ya dominas la creación de un juego en el que dos jugadores humanos pueden retarse, vamos a elevar tus habilidades de programación y tu juego de Gato introduciendo un oponente de inteligencia artificial (IA). La integración de la IA hará que tu juego sea jugable contra la computadora y te introducirá en los conceptos fundamentales de la IA de los juegos.

Implantación y estrategia de la IA

En esta fase, implementarás una IA sencilla basada en reglas que pueda tomar decisiones basadas en el estado actual del juego. La IA intentará ganar o impedir que ganes, y cuando esas opciones no estén disponibles, hará movimientos estratégicos para posicionarse ventajosamente.

- **Objetivo principal**: La IA debe tratar de ganar comprobando los movimientos potenciales para ganar en el siguiente turno.
- **Objetivo secundario**: Si la victoria no es inminente, la IA debe comprobar si necesita bloquear tu posible jugada ganadora.
- **Movimientos estratégicos**: Si no es posible ganar ni bloquear, la IA debe elegir una posición estratégica, normalmente el centro o las esquinas, ya que suelen ser los mejores lugares para futuros movimientos.

Desglose de la estrategia

- **Estrategia ganadora**: La IA evalúa cada lugar vacío en el tablero; si colocar su símbolo allí resulta en una victoria, lo hará.
- **Estrategia de bloqueo**: Si la IA no puede ganar inmediatamente, comprueba si estás a punto de ganar y coloca su símbolo para bloquearte.

- **Estrategia posicional**: Priorizar las esquinas y el centro si no se dispone de jugadas ganadoras ni de bloqueo.

- **Juego aleatorio**: Como alternativa, la IA elige un punto vacío al azar. Esto garantiza que el juego sigue siendo impredecible y divertido.

Detalles de la aplicación

Ampliaremos `juego_ia.py` para incluir nuevas funciones que apoyen la toma de decisiones de la IA:

- **Función de Prueba de Movimientos**: Esta función simulará el tablero de juego después de un movimiento para determinar si resulta en una victoria.

- **Función de decisión de IA basada en reglas**: Implementa la lógica de la IA que decide la mejor jugada basándose en el estado actual del tablero.

```
def obtener_movimiento_ai_basado_en_reglas(jugador_computadora, tablero):
    # Lógica ganadora, de bloqueo y estratégica como se ha descrito anteriormente.
```

4.14 Guía paso a paso para construir la IA

- **Paso 1: Implementar la función Comprueba Movimientos**: Crear una función en `juego_ia.py` para simular la colocación de un símbolo en cada posición posible y comprobar el resultado.

- **Paso 2: Desarrollar la lógica de decisión de la IA**: Escribe la lógica de decisión de la IA que evalúa el tablero y determina el movimiento óptimo basado en las estrategias descritas.

- **Paso 3: Integrar la IA en el bucle principal del juego**: Modifica `main.py` para incorporar los movimientos de la IA cuando le toque jugar a la computadora.

```
if jugador_actual == jugador_computadora:
    movimiento = obtener_movimiento_ai_basado_en_reglas(jugador_computadora, tablero)
else:
    movimiento = get_human_player_move(jugador_actual, tablero)
```

Pruebas y ajustes

Una vez implementado, juega varias rondas contra tu IA para evaluar su eficacia. Basándote en tus observaciones, ajusta su proceso de toma de decisiones para que el juego sea desafiante pero justo.

CAPÍTULO 4: EL PODER DE LAS FUNCIONES, MÓDULOS, PAQUETES Y LAMBDAS

Próximos pasos

Considera esta integración de IA como una introducción al vasto campo de la IA de juegos. Puedes seguir mejorando esta IA con algoritmos más sofisticados o incluso explorar técnicas de aprendizaje automático para que tu IA aprenda de cada partida.

Tómate otro descanso del juego

Después de implementar tu IA, tómate otro descanso para probar tu juego de Gato mejorado. Disfruta compitiendo contra tu creación y presta atención a cómo toma sus decisiones. Esta interacción directa te ayudará a entender sus puntos fuertes y sus limitaciones.

Disfruta del proceso de ver cómo tu juego de Gato cobra vida gracias a la IA, ¡y prepárate para profundizar en el apasionante mundo de la inteligencia artificial en los juegos!

4.15 Explorar técnicas avanzadas de IA

Para los ávidos aprendices y los desarrolladores de juegos en ciernes deseosos de profundizar en el mundo de la inteligencia artificial, nuestro repositorio de GitHub ofrece una extensión especial del proyecto juego de Gato que acabas de completar. Mientras que este libro introduzca conceptos básicos de IA adecuados para principiantes, hemos preparado materiales adicionales en línea para aquellos que estén listos para llevar sus habilidades al siguiente nivel.

Versiones avanzadas de IA disponibles en línea

En GitHub, encontrarás dos versiones adicionales de IA diseñadas para el juego de Gato: Random AI y MinMax AI. La IA Aleatoria introduzca un elemento de imprevisibilidad, realizando movimientos aleatorios y proporcionando una alternativa divertida pero sencilla al juego estratégico. En cambio, la IA MinMax adopta un enfoque más estratégico y calculado, lo que la convierte en un oponente formidable. Es un poco más sofisticada que la IA basada en reglas que acabamos de construir.

Comprender la IA MinMax

El algoritmo MinMax es una herramienta de toma de decisiones utilizada en la teoría de juegos para determinar la jugada óptima de un jugador, suponiendo que el adversario también está jugando de forma óptima. Funciona de la siguiente manera:

- **Conceptos básicos de MinMax**: El algoritmo simula todos los movimientos posibles en el juego, luego evalúa el estado del juego para asignar puntuaciones a cada movimiento. En el caso del Gato, se trata de calcular si una jugada lleva a la victoria, a la derrota o al empate.

88

- **Optimización**: La parte "Mínima" del algoritmo asume el peor escenario posible: la pérdida, e intenta minimizar esa posibilidad. Por el contrario, la parte 'Max' busca la jugada que maximiza las posibilidades de ganar del jugador.

- **Evaluación Recursiva**: MinMax utiliza un enfoque recursivo, donde la función se llama a sí misma, alternando entre minimizar y maximizar hasta que alcanza un estado terminal del juego (ganar, perder o empatar) para todas las secuencias de movimientos posibles. Este método descompone el complejo problema de evaluar todos los posibles movimientos futuros en pasos más sencillos y manejables, permitiendo al algoritmo explorar sistemáticamente los posibles resultados.

Aunque el algoritmo MinMax podría considerarse excesivo para un juego relativamente sencillo como el Gato, sirve como excelente herramienta educativa. Los principios de MinMax también se aplican en juegos más complejos como el ajedrez, las damas, Stratego™, Conecta Cuatro™, Reversi (Othello™) y Gomoku, en los que la capacidad de anticipar y contrarrestar los movimientos del oponente es crucial.

Una Palabra del Autor

"Aprender a programar expande tu mente y te ayuda a pensar mejor. Crea una forma de ver las cosas que considero útil en cualquier área."— **Bill Gates***

"Todo el mundo en este país debería aprender a programar una computadora… porque eso te enseña a pensar." — **Steve Jobs***

Espero que estés disfrutando tu viaje con Python y que ya estés descubriendo todas las posibilidades que ofrece. Si este libro te ha ayudado o despertado tu curiosidad, realmente me encantaría conocer tu opinión.

Si tienes un momento, por favor considera dejar una **breve reseña o calificación en Amazon. Incluso con solo hacer clic en una estrella ayudas muchísimo.**

Tu opinión hace una gran diferencia—no solo para mí, sino también para futuros lectores que están buscando la mejor manera de empezar.

Tus palabras podrían ser el empujoncito que alguien necesita para comenzar su propia aventura con Python.

Gracias por ser parte de este viaje de aprendizaje—y por ayudar a otros a comenzar el suyo.

Escanea el siguiente código QR o visita...

Amazon
Guía Absoluta para Principiantes: Programación en Python
https://www.amazon.com/review/create-review/?asin=1964520029

* Estas frases han sido traducidas del inglés para tu comodidad.

Capítulo 5: Almacenamiento de datos: Archivos de texto y JSON

En este capítulo aprenderás a manejar archivos en Python, con un enfoque especial en archivos de texto y JSON. Esta habilidad es esencial para cualquier programador, ya que permite a las aplicaciones guardar y recuperar información de manera segura y eficiente.

Imagina que tienes un diario personal en el que anotas tus pensamientos, experiencias y planes cada día. Este diario es muy valioso para ti porque contiene todos tus recuerdos e información importantes. Del mismo modo, una aplicación necesita un lugar donde almacenar sus datos importantes, y ese lugar es un archivo. Cuando escribes en tu diario, lo abres, escribes tu entrada y luego lo cierras para mantener a salvo tus pensamientos. Del mismo modo, cuando una aplicación necesita almacenar datos, abre un archivo, lo escribe y luego lo cierra para asegurarse de que se guarda correctamente.

Este proceso de abrir, escribir y cerrar un archivo es lo que llamamos manejo de archivos en programación. Al aprender cómo manejar archivos en Python, podrás crear aplicaciones que pueden almacenar y recuperar información importante, al igual que escribir y leer entradas de un diario.

A lo largo de este capítulo, construiremos un rastreador de gastos personales. Este proyecto te ayudará a entender el manejo de archivos proporcionándote una aplicación práctica. Al final, serás capaz de leer, escribir y gestionar gastos almacenados en varios formatos de archivo, asegurando que los datos se almacenan de forma segura y eficiente.

Sumerjámonos en el mundo del manejo de archivos en Python y veamos cómo podemos almacenar nuestros datos de forma estructurada y organizada.

5.1 Operaciones básicas con archivos

Para trabajar con archivos en Python, se utiliza la función `open()`, que devuelve un objeto archivo. Este objeto proporciona métodos y atributos para realizar diversas operaciones en el archivo, como leer o escribir. Una vez finalizadas las operaciones, es esencial cerrar el archivo mediante el método `close()` para liberar los recursos vinculados al archivo y asegurarse de que todos los cambios se guardan correctamente en el disco.

A continuación se explica cómo abrir y cerrar un archivo en Python:

```
archivo = open('diario.txt', 'r')
# Realizar operaciones de archivo
archivo.close()
```

En este ejemplo, abrimos un archivo llamado `diario.txt` en modo lectura (`'r'`). Después de realizar las operaciones deseadas, cerramos el archivo para asegurarnos de que todos los recursos se liberan correctamente.

Sin embargo, este enfoque tiene un inconveniente. Si se produce un error entre las llamadas `open()` y `close()`, existe el riesgo de que el archivo no se cierre correctamente. Aquí es donde la sentencia with adquiere un valor incalculable.

Uso de la sentencia `with`

La sentencia with simplifica el manejo de archivos al encargarse automáticamente de cerrar el archivo tras completar las operaciones, incluso si se produce un error durante el proceso. Esto hace que tu código sea más limpio y fiable.

```
with open('diario.txt', 'r') as archivo:
    entradas= archivo.read()
    print(entradas)
```

En este ejemplo, el archivo se abre utilizando la sentencia `with`, lo que garantiza que el archivo se cierre correctamente después de ejecutar el bloque de código.

Modos de apertura de archivos

Al abrir archivos en Python, es necesario especificar el modo, que determina cómo se accederá al archivo. A continuación se muestra una tabla que explica los diferentes modos de archivo:

Modo	Descripción
`'r'`	Modo lectura (por defecto). Abre el archivo para su lectura. Si el archivo no existe, genera un `error FileNotFoundError`.
`'w'`	Modo escritura. Abre el archivo para escritura. Si el archivo existe, lo trunca a longitud cero (borra su contenido). Si el archivo no existe, crea uno nuevo.
`'a'`	Modo Añadir. Abre el archivo para escritura. Si el archivo existe, el puntero del archivo se coloca al final

	del mismo y los nuevos datos se añaden a los ya existentes. Si el archivo no existe, se crea uno nuevo.
`'x'`	Modo de creación exclusivo. Crea un nuevo archivo y genera un `error FileExistsError` si el archivo ya existe.
`'b'`	Modo binario. Se utiliza junto con otros modos (`'r'`, `'w'` o `'a'`) para abrir el archivo en modo binario, necesario para archivos que no son de texto, como imágenes o archivos ejecutables.

5.2 Rutas y directorios de archivos

Antes de trabajar con archivos, es importante entender dónde tu programa está buscando archivos o escribiéndolos. Por defecto, Python utiliza el directorio de trabajo actual para las operaciones con archivos a menos que especifiques una ruta diferente. Exploremos cómo puedes consultar el directorio de trabajo actual y especificar un directorio diferente para leer y escribir archivos.

Consulta del directorio de trabajo actual

El módulo os de Python proporciona un método llamado getcwd() que permite consultar el directorio de trabajo actual. Esto es útil cuando quieres verificar dónde está operando tu programa.

```
import os

# Obtener el directorio de trabajo actual
directorio_actual= os.getcwd()
print(f"Directorio de trabajo actual: {directorio_actual}")
```

Especificación de una ruta de archivo

En lugar de confiar en el directorio predeterminado, puedes especificar la ruta completa del archivo. Esto te permite controlar desde dónde se lee o escribe el archivo.

```
# Especificar una ruta de archivo
ruta_archivo = '/ruta/a/tu/directorio/diario.txt'

# Abrir el archivo utilizando la ruta especificada
with open(ruta_archivo, 'r') as archivo:
    entradas = archivo.read()
    print(entradas)
```

Cambiar el directorio de trabajo

Puedes cambiar el directorio de trabajo actual utilizando os.chdir(). Esto es útil si deseas cambiar a un directorio diferente para todas las operaciones de archivo posteriores.

```
import os

# Cambiar el directorio de trabajo
os.chdir('/ruta/a/tu/directorio')
```

CAPÍTULO 5: ALMACENAMIENTO DE DATOS: ARCHIVOS DE TEXTO Y JSON

```
# Verificar el cambio
print(f"Cambiado el directorio de trabajo a: {os.getcwd()}")
```

5.3 Uso de rutas en distintos sistemas operativos

Al especificar rutas, es importante tener en cuenta el sistema operativo en el que se trabaja. Windows utiliza barras invertidas (\), mientras que Linux y macOS utilizan barras inclinadas (/). Para garantizar la compatibilidad entre plataformas, utiliza el módulo os.path para construir las rutas de los archivos.

```
import os

# Construir una ruta de archivo
ruta_archivo= os.path.join('carpeta', 'subcarpeta', 'archivo.txt')
print(f"Ruta de archivo: {ruta_archivo}")
```

5.4 Tratamiento de errores con `try/except/finally`

Incluso con la sentencia `with` asegurando que los archivos se cierran correctamente, pueden producirse varios errores durante las operaciones con archivos. Por ejemplo, puede que el archivo que estás intentando leer no exista, o que no tengas los permisos necesarios para acceder a él. Manejar estos errores es crucial para evitar que tu programa se bloquee inesperadamente.

El uso de bloques `try/except/finally` en el manejo de archivos permite gestionar los errores de forma eficaz. Puede informar de los errores al usuario, reintentar operaciones, registrar los errores para su posterior investigación y asegurarse de que se realiza cualquier limpieza necesaria.

Empecemos con un ejemplo que gestiona un `FileNotFoundError`, que se produce cuando el archivo que se intenta abrir no existe.

```
try:
    with open('diario.txt', 'r') as archivo:
        entradas = archivo.read()
        print(entradas)
except FileNotFoundError:
    print("No se ha encontrado el archivo.")
finally:
    print("Terminada la lectura del archivo.")
```

El bloque try contiene el código que podría lanzar una excepción en este ejemplo. El bloque `except` maneja el error `FileNotFoundError` específico, y el bloque `finally` contiene código que se ejecutará siempre, independientemente de si se ha producido un error.

Manejo de múltiples excepciones

A veces, puede ocurrir más de un tipo de error dentro de un bloque de código. Por ejemplo, tú también puedes encontrar un `PermissionError` si no tienes los permisos necesarios para leer un archivo. O si has estado leyendo el archivo sin problemas, pero el servidor o la red se caen mientras lo estabas leyendo.

Puedes manejar múltiples excepciones añadiendo bloques `except` adicionales. Por ejemplo:

```python
with open('diario.txt', 'r') as archivo:
    entradas = archivo.read()
    print(entradas)
except FileNotFoundError:
    print("No se ha encontrado el archivo.")
except PermissionError:
    print("No tiene permiso para leer este archivo.")
except Exception as e:
    print(f"Se ha producido un error inesperado: {e}")
finally:
    print("Terminada la lectura del archivo.")
```

En este ejemplo, manejamos tanto `FileNotFoundError` así como `PermissionError`. El bloque genérico `except Exception as e` captura cualquier otra excepción que pueda ocurrir.

Cómo saber qué excepciones manejar

Determinar qué excepciones manejar implica comprender los problemas potenciales que podrían surgir durante las operaciones de archivo. Las excepciones comunes incluyen:

- `FileNotFoundError`: Se produce cuando el archivo no existe.

- `PermissionError`: Se produce cuando no se tienen los permisos necesarios para acceder al archivo.

- `IOError`: Una excepción más general para errores de entrada/salida.

En este capítulo, nos centramos en el manejo de archivos. Pero puede haber otros tipos de excepciones dependiendo de lo que estés haciendo. Puedes consultar la documentación oficial de Python para obtener una lista completa de las excepciones incorporadas y sus descripciones. Leer los mensajes de error durante las pruebas y el desarrollo te ayudará a identificar las excepciones específicas que tu programa debe manejar.

Al anticiparse a estos posibles problemas, puedes escribir un código más robusto que gestione los errores con elegancia y proporcione una mejor experiencia al usuario.

La biblioteca estándar de Python (The Python Standard Library)
Excepciones incorporadas (Built-in Exceptions)
https://docs.python.org/3/library/exceptions.html

5.5 Trabajar con archivos de texto

Lectura de archivos de texto

Python proporciona varios métodos para leer de un archivo de texto. El método `read()` lee todo el archivo como una sola cadena, `readline()` lee una línea a la vez, y `readlines()` lee todo el archivo en una lista de líneas.

```python
try:
    with open('diario.txt', 'r') as archivo:
        entradas = archivo.read()
        print(entradas)
except FileNotFoundError:
    print("No se ha encontrado el archivo.")
except PermissionError:
    print("No tiene permiso para leer este archivo.")
except Exception as e:
    print(f"Se ha producido un error inesperado: {e}")
finally:
    print("Terminada la lectura del archivo.")
```

En este ejemplo, leemos todo el contenido de `diario.txt` y lo imprimimos.

Escribir en archivos de texto

Para escribir en un archivo de texto, se utiliza el método `write()`, que escribe una cadena en el archivo. Para añadir texto a un archivo existente, abre el archivo en modo añadir (`'a'`).

```python
try:
    with open('diario.txt', 'w') as archivo:
        archivo.write("2024-05-25: Aprendí sobre el manejo de archivos en Python.\n")
except Exception as e:
    print(f"Se ha producido un error: {e}")
finally:
    print("Finalizada la escritura en el archivo.")
```

En este ejemplo, escribimos una nueva entrada en `diario.txt`.

```
try:
    with open('diario.txt', 'a') as archivo:
        archivo.write("2024-05-26: Practicando escritura y lectura de archivos.\n")
except Exception as e:
    print(f"Se ha producido un error: {e}")
finally:
    print("Terminado de añadir al archivo.")
```

En este ejemplo, añadimos una nueva entrada al `diario.txt`.

Buenas prácticas para trabajar con archivos de texto

- **Lee archivos de forma eficiente**: Cuando leas archivos grandes, considera la posibilidad de leerlos en trozos o utilizar un bucle para procesar cada línea y evitar problemas de memoria.

```
try:
    with open('diario.txt', 'r') as archivo:
        for linea in archivo:
            print(linea.strip())
except FileNotFoundError:
    print("No se ha encontrado el archivo.")
except PermissionError:
    print("No tiene permiso para leer este archivo.")
except Exception as e:
    print(f"Se ha producido un error inesperado: {e}")
finally:
    print("Terminada la lectura del archivo.")
```

Habrás notado la llamada a `strip()` con esta línea:

```
print(linea.strip())
```

El método `strip()` se utiliza para eliminar cualquier carácter de espacio en blanco al inicio y al de una cadena. Esto incluye espacios, tabuladores (\t) y caracteres de nueva línea (\n). Si no hay espacios en blanco, strip() devolverá la cadena original.

- **Escribe archivos con seguridad**: Utiliza el modo `'x'` para crear un nuevo archivo, que falla si el archivo ya existe, evitando la sobreescritura accidental de datos.

```
try:
    with open('diario.txt', 'x') as archivo:
        archivo.write("Nueva entrada.\n")
except FileExistsError:
    print("El archivo ya existe.")
except Exception as e:
    print(f"Se ha producido un error: {e}")
finally:
    print("Terminada la escritura en el archivo.")
```

5.6 Trabajar con archivos JSON

JSON (JavaScript Object Notation) es un formato ligero de intercambio de datos fácil de leer y escribir para los humanos y fácil de analizar (interpretar o entender) y generar para las máquinas. JSON se basa en dos estructuras: una colección de pares nombre/valor (similar a un diccionario Python) y una lista ordenada de valores (similar a una lista Python).

Lectura de archivos JSON

Para leer datos JSON de un archivo, se utiliza el método `json.load()` que analiza los datos JSON y los convierte en un diccionario o lista de Python.

```
import json

try:
    with open('gastos.json', 'r') as archivo:
        datos= json.load(archivo)
        print(datos)
except FileNotFoundError:
    print("No se ha encontrado el archivo.")
except json.JSONDecodeError:
    print("Error al descodificar JSON .")
except Exception as e:
    print(f"Se ha producido un error inesperado: {e}")
finally:
    print("Terminada la lectura del archivo.")
```

En este ejemplo, leemos datos JSON de `gastos.json` y los imprimimos, con gestión de errores para gestionar posibles problemas.

Escribir archivos JSON

Para escribir datos en un archivo JSON , se utiliza el método `json.dump()`, que convierte objetos Python en formato JSON y los escribe en un archivo.

```
import json

gastos = [
    {"fecha": "2026-05-25",
     "importe": 50.75,
     "categoria": "Comestibles",
     "descripcion": "Comestibles semanales"},
    {"fecha": "2026-05-26",
     "importe": 120.00,
     "categoria": "Servicios públicos",
     "descripcion": "Factura de electricidad"}
]

try:
    with open('gastos.json', 'w') as archivo:
        json.dump(gastos, archivo, indent=4)
except Exception as e:
    print(f"Se ha producido un error: {e}")
finally:
    print("Terminada la escritura en el archivo.")
```

En este ejemplo, escribimos una lista de entradas de gastos en `gastos.json`, con gestión de errores.

Manipulación de datos JSON

Puedes añadir, actualizar y eliminar fácilmente datos en un archivo JSON leyendo los datos en un objeto Python, manipulando el objeto y escribiéndolo de nuevo en el archivo.

```
import json

try:
    with open('gastos.json', 'r') as archivo:
        gastos = json.load(archivo)
except FileNotFoundError:
    gastos = []
except json.JSONDecodeError:
    print("Error al descodificar JSON .")
    gastos = []
except Exception as e:
    print(f"Se ha producido un error inesperado: {e}")

nuevo_gasto = {"fecha": "2026-05-27",
               "importe": 75.20,
               "categoria": "Entretenimiento",
               "descripcion": "Concert tickets"}

gastos.append(nuevo_gasto)

try:
    with open('gastos.json', 'w') as archivo:
        json.dump(gastos, archivo, indent=4)
```

```
except Exception as e:
    print(f"Se ha producido un error: {e}")
finally:
    print("Finalizada la actualización del archivo.")
```

En este ejemplo, añadimos un nuevo gasto a la lista y lo guardamos de nuevo en el archivo JSON , con tratamiento de errores para gestionar posibles problemas.

Buenas prácticas para trabajar con archivos JSON

- **Valida los datos JSON** : Antes de procesar datos JSON, valida su estructura para asegurarte de que cumple los requisitos de tu aplicación.

```
import json

try:
    with open('gastos.json', 'r') as archivo:
        datos = json.load(archivo)
        # Validar estructura JSON
        if isinstance(datos, list) and all(isinstance(dato, dict) for dato in datos):
            print("Estructura JSON válida ")
        else:
            print("Estructura JSON no válida ")
except json.JSONDecodeError:
    print("Error al descodificar JSON .")
```

- **Pretty-Print JSON** : Utiliza el parámetro indent en json.dump() para escribir archivos JSON más legibles.

```
import json

gastos = [
    {
        "fecha": "2026-05-25",
        "importe": 50.75,
        "categoria": "comestibles",
        "descripcion": "Comestibles semanales"
    },
    {
        "fecha": "2026-05-26",
        "importe": 120.00,
        "categoria": "Utilidades",
        "descripcion": "Factura de electricidad"
    }
]

with open('gastos.json', 'w') as archivo:
    json.dump(gastos, archivo, indent=4)
```

- **Maneja con elegancia los archivos que faltan**: Cuando cargues datos JSON, gestiona el error `FileNotFoundError` con elegancia y proporciona un mecanismo alternativo.

```python
import json

try:
    with open('gastos.json', 'r') as archivo:
        gastos= json.load(archivo)
except FileNotFoundError:
    print("Archivo no encontrado. Comienza con una lista de gastos vacía.")
    gastos= []
```

5.7 Otros tipos de archivos estructurados

Aunque el Capítulo 5 profundiza en los aspectos esenciales del trabajo con archivos de texto y JSON, es importante reconocer la amplia gama de formatos de archivos estructurados disponibles más allá de éstos. Cada formato, desde XML a INI o YAML, sirve a su propio nicho en el almacenamiento, configuración e intercambio de datos. Estos tipos de archivo alternativos se complementan con librerías Python dedicadas y atienden a diversos casos de uso.

La comprensión de estos formatos puede ampliar significativamente tu conjunto de herramientas de programación, ya sea para gestionar jerarquías de datos complejas, crear archivos de configuración legibles o garantizar la compatibilidad entre distintos entornos de programación. Las exigencias específicas de tu proyecto, incluida la necesidad de complejidad de los datos, la facilidad de interacción humana y la integración en la pila tecnológica elegida, deben guiar tu elección. Esta sección pretende mostrar estos otros formatos de archivos estructurados, destacando sus características únicas y sugiriendo las bibliotecas Python apropiadas para trabajar con cada uno de ellos.

CSV

Los archivos CSV (Comma-Separated Values) son un formato de texto sencillo para almacenar datos tabulares. Cada línea del archivo es un registro de datos, y cada registro consta de uno o varios campos separados por comas. Este formato es ampliamente soportado por hojas de cálculo y bases de datos, lo que lo convierte en un estándar universal para el intercambio de datos tabulares entre diferentes programas y aplicaciones. El módulo `csv` integrado en Python permite leer y escribir fácilmente en archivos CSV.

Ejemplo de archivo CSV (**ejemplo**.csv):

```
Nombre,Edad,Ciudad
Alicia,30,Ciudad de México
Bob,25,Guadalajara
```

```python
import csv

# Escribir en un archivo CSV
with open('ejemplo.csv', mode='w', newline='') asarchivo:
    escritor = csv.writer(archivo)
    escritor.writerow(['Nombre', 'Edad', 'Ciudad'])
    escritor.writerow(['Alicia', 30, 'Ciudad de México'])
    escritor.writerow(['Bob', 25, 'Guadalajara'])

# Lectura de un archivo CSV
with open('ejemplo.csv', mode='r') as archivo:
    lector = csv.reader(archivo)
    for fila in lector:
        print(fila)
```

XML

XML (eXtensible Markup Language) es un lenguaje de marcado que define un conjunto de reglas para codificar documentos en un formato legible por humanos y máquinas. Se utiliza principalmente para almacenar y transportar datos. A diferencia de JSON, XML es más verboso y permite un mayor grado de estructura y metadatos, por lo que es muy adecuado para representaciones de datos complejas. Python proporciona varias bibliotecas para trabajar con datos XML, siendo `xml.etree.ElementTree` una de las más utilizadas. Ofrece una forma sencilla y eficaz de analizar datos XML, navegar por los elementos y modificar o crear documentos XML desde cero.

Ejemplo de archivo XML (`ejemplo.xml`):

```xml
<root>
    <child>Este es el niño 1</child>
    <child>Este es el niño 2</child>
</root>
```

```python
import xml.etree.ElementTree as ET

# Creación de un archivo XML
root = ET.Element("root")
child1 = ET.SubElement(root, "child")
child1.text = "Este es el niño 1"
child2 = ET.SubElement(root, "child")
child2.text = "Este es el niño 2"

tree = ET.ElementTree(root)
tree.write("ejemplo.xml", encoding="utf-8", xml_declaration=True)
```

```
# Lectura de un archivo XML
tree = ET.parse("ejemplo.xml")
root = tree.getroot()
for child in root:
    print(child.tag, child.text)
```

Archivos INI

Los archivos INI son simples archivos de texto con una estructura básica compuesta de secciones, propiedades y valores. Se utilizan habitualmente para ajustes de configuración, debido a su formato sencillo y a su facilidad de edición. En Python, el módulo `configparser` está diseñado para gestionar archivos de configuración en formato INI. Permite leer, escribir y modificar archivos INI con una API que simplifica el acceso a los valores de configuración. El módulo admite una estructura en la que los archivos de configuración se dividen en secciones, cada una de las cuales contiene claves con valores asociados, lo que lo hace ideal para la configuración de aplicaciones.

Ejemplo de archivo INI (`ejemplo.ini`):

```
[DEFAULT]
ServerAliveInterval = 45
Compresión = sí
NivelDeCompresión = 9

[bitbucket.org]
Usuario = hg

[topsecret.servidor.com]
Puerto = 50022
AdelanteX11 = no
```

```
import configparser

# Escribir en un archivo INI
config = configparser.ConfigParser()
config['DEFAULT'] = {
    'ServerAliveInterval': '45',
    'Compresión': 'sí',
    'NivelDeCompresión': '9'
}
config['bitbucket.org'] = {'Usuario': 'hg'}
config['topsecret.servidor.com'] = {
    'Puerto': '50022',
    'ForwardX11': 'no'
}

with open('ejemplo.ini', 'w') as configfile:
    config.write(configfile)

# Lectura de un archivo INI
```

```
config = configparser.ConfigParser()
config.read('ejemplo.ini')
for section in config.sections():
    print(section, dict(config[section]))
```

YAML

YAML (cuyas siglas originalmente significaban *Yet Another Markup Language*, pero que ahora se interpretan como *YAML Ain't Markup Language*) es un estándar de serialización de datos legible por humanos. El nombre es un juego de palabras en inglés que significa "YAML no es un lenguaje de marcado", haciendo referencia a que no utiliza etiquetas como HTML o XML. YAML es ideal para archivos de configuración, archivos de entrada para el procesamiento de datos y más, debido a su legibilidad y soporte para estructuras de datos complejas. A diferencia de JSON y XML, YAML admite comentarios, lo que lo hace más fácil de usar para la edición manual. En Python, la biblioteca PyYAML se utiliza normalmente para analizar y generar archivos YAML. Proporciona una funcionalidad similar a la de JSON, permitiendo una fácil conversión entre datos YAML y objetos Python. Su capacidad para representar jerarquías de datos lo hace especialmente útil en configuraciones que requieren estructuras anidadas.

Ejemplo de archivo YAML (`ejemplo.yaml`):

```
nombre: Alicia
edad: 30
ciudad: Ciudad de México
```

```
import yaml

# Escribir en un archivo YAML
datos = {
    "nombre": "Alicia",
    "edad": 30,
    "ciudad": "Ciudad de México"
}

with open("ejemplo.yaml", "w") as archivo:
    yaml.dump(datos, archivo, allow_unicode=True)

# Lectura desde un archivo YAML
with open("ejemplo.yaml", "r") as archivo:
    datos = yaml.load(archivo, Loader=yaml.FullLoader)
    print(datos)
```

5.8 Resumen del capítulo

En este capítulo, aprendiste sobre el manejo de archivos en Python, enfocándote en trabajar con archivos de texto y JSON. Cubrimos los conceptos básicos de apertura, lectura, escritura y cierre de archivos utilizando métodos manuales y sentencias para una mejor gestión de los recursos. También discutimos el manejo de errores con bloques `try`, `except` y finally para asegurar operaciones robustas con archivos.

Además, se introdujo a los archivos JSON , incluyendo la lectura y escritura en JSON, y la manipulación de datos JSON para aplicaciones prácticas. El capítulo concluye con una discusión de otros tipos de archivos estructurados, como CSV, XML, INI y YAML, destacando sus casos de uso y las librerías Python asociadas.

En el próximo capítulo, nos sumergiremos en el mundo de la programación orientada a objetos (POO) en Python. Aprenderás sobre clases, objetos, herencia y otros conceptos clave que te ayudarán a estructurar fácilmente tus programas y gestionar datos complejos.

5.9 Ejercicios del capítulo

Ejercicio 1: Lectura de un archivo de texto

Descripción: Escribir un script en Python para leer e imprimir el contenido de un archivo de texto.

Tarea:

1. **Abrir el archivo**: Utiliza la función `open()` para abrir un archivo de texto en modo lectura (`'r'`). Asegúrate de manejar el archivo utilizando una sentencia with para el cierre automático.

2. **Leer el contenido**: Utiliza el método `read()` para leer todo el contenido del archivo. Imprimir el contenido a la consola.

3. **Gestión de errores**: Maneja excepciones potenciales como `FileNotFoundError` y `PermissionError`.

Ejercicio 2: Escribir en un archivo de texto

Descripción: Escribir un script en Python para escribir una nueva entrada en un archivo de texto.

Tarea:

1. **Abrir el archivo**: Utiliza la función `open()` para abrir un archivo de texto en modo escritura (`'w'`).

2. **Escribir contenido**: Utiliza el método `write()` para añadir una cadena al archivo.

3. **Gestión de errores**: Gestiona las posibles excepciones que puedan producirse durante las operaciones con archivos.

Ejercicio 3: Añadir a un archivo de texto

Descripción: Escribir un script en Python para añadir una nueva entrada a un archivo de texto existente.

Tarea:

1. **Abrir el archivo**: Utiliza la función `open()` para abrir un archivo de texto en modo append (`'a'`).

2. **Añadir contenido**: Utiliza el método `write()` para añadir una cadena al archivo.

3. **Gestión de errores**: Gestiona las posibles excepciones que puedan producirse durante las operaciones con archivos.

Ejercicio 4: Lectura de un archivo JSON

Descripción: Escribir un script en Python para leer datos de un archivo JSON e imprimirlos.

Tarea:

1. **Módulo Import JSON**

2. **Abrir el archivo JSON** : Utiliza la función `open()` para abrir un archivo JSON en modo lectura (`'r'`).

3. **Leer y analizar datos JSON** : Utiliza el método `json.load()` para analizar los datos JSON en un diccionario o lista de Python y, a continuación, imprime los datos analizados.

4. **Manejo de errores**: Maneja excepciones potenciales como `FileNotFoundError` y `json.JSONDecodeError`.

Ejercicio 5: Escribir en un archivo JSON

Descripción: Escribe un script en Python para escribir una lista de diccionarios en un archivo JSON .

Tarea:

1. **Importar JSON Módulo.**

2. **Prepara los datos**: Crear una lista de diccionarios que representen gastos.

3. **Abrir el archivo JSON** : Utiliza la función `open()` para abrir un archivo JSON en modo de escritura (`'w'`).

4. **Escribir datos JSON** : Utiliza el método `json.dump()` para escribir los objetos Python como datos JSON en el archivo.

5. **Gestión de errores**: Gestiona las posibles excepciones durante las operaciones de archivo.

Ejercicio 6: Añadir un nuevo gasto a un archivo JSON

Descripción: Escribir un script en Python para añadir una nueva entrada de gasto a un archivo JSON existente.

Tarea:

1. **Importar JSON Módulo.**

2. **Leer Datos Existentes**: Utiliza el método `json.load()` para leer los datos existentes del archivo JSON. Si el archivo no existe, maneja la excepción y comienza con una lista vacía.

3. **Añadir nueva entrada** : Añade un nuevo diccionario a la lista de gastos.

4. **Escribir datos actualizados**: Utiliza el método `json.dump()` para devolver la lista actualizada al archivo JSON .

5. **Gestión de errores**: Gestiona las posibles excepciones durante las operaciones de archivo.

5.10 Proyecto de capítulo: Rastreador de gastos personales

Descripción: Crea un rastreador de gastos personales que lea, escriba y manipule datos de gastos almacenados en archivos JSON .

Tarea:

1. **Definir la estructura de datos**: Los gastos deben almacenarse como una lista de diccionarios, cada diccionario contiene claves de `fecha`, `importe`, `categoria` y `descripcion`.

2. **Lectura de datos**: Escribir una función para leer los gastos de un archivo JSON. Maneja `FileNotFoundError` con gracia comenzando con una lista vacía si el archivo no existe.

3. **Escribir datos**: Escribe una función para escribir gastos en un archivo JSON. Asegúrate de que los datos están formateados correctamente con sangría para facilitar la lectura.

4. **Añadir un gasto**: Implementar una función para añadir un nuevo gasto a la lista y actualizar el archivo JSON.

5. **Visualización de gastos**: Implementar una función para mostrar todos los gastos en un formato legible.

6. **Tratamiento de errores**: Garantiza una sólida gestión de errores en las operaciones con archivos y en el procesamiento de datos JSON.

Guía paso a paso:

1. **Definir la estructura de datos**:

```
Gastos = [
    {"fecha": "2024-05-25",
     "importe": 50.75,
     "categoria": "Comestibles",
     "descripcion": "Comestibles semanales"},
    {"fecha": "2024-05-26",
     "importe": 120,00,
     "categoria": "Servicios públicos",
     "descripcion": "Factura de electricidad"}
```

2. **Lectura de datos**:

```python
import json

def leer_gastos(ruta_archivo):
    try:
        with open(ruta_archivo, 'r') as archivo:
            return json.load(archivo)
    except FileNotFoundError:
        return []
    except json.JSONDecodeError:
        print("Error al descodificar JSON.")
        return []
    except Exception as e:
        print(f"Se ha producido un error inesperado: {e}")
        return []
```

3. **Datos de escritura**:

```python
def escribir_gastos(ruta_archivo, gastos):
    try:
        with open(ruta_archivo, 'w') as archivo:
            json.dump(gastos, archivo, indent=4)
    except Exception as e:
        print(f"Se ha producido un error: {e}")
```

4. Añadir un gasto

```python
def anadir_gasto(ruta_archivo, nuevo_gasto):
    gastos = leer_gastos(ruta_archivo)
    gastos.append(nuevo_gasto)
    escribir_gastos(ruta_archivo, gastos)
```

5. Viendo Gastos:

```python
def ver_gastos(ruta_archivo):
    gastos = leer_gastos(ruta_archivo)
    for gasto in gastos:
        print(f"Fecha: {gasto['fecha']}, Importe: {gasto['importe']}, Categoría:
{gasto['categoria']}, Descripción: {gasto['descripcion']}")
```

6. Función principal para probar el rastreador:

```python
def main():
    ruta_archivo = 'gastos.json'
    while True:
        print("\n1. Añadir Gasto\n2. Ver Gastos\n3. Salir")
        eleccion = input("Introduzca su elección: ")

        if eleccion == '1':
            fecha = input("Introduzca la fecha (AAAA-MM-DD): ")
            importe = float(input("Introduzca el importe: "))
            categoria = input("Introduzca la categoría: ")
            descripcion = input("Introduzca la descripción: ")

            nuevo_gasto = {
                "fecha": fecha,
                "importe": importe,
                "categoria": categoria,
                "descripcion": descripcion
            }

            anadir_gasto(ruta_archivo, nuevo_gasto)

        elif eleccion == '2':
            ver_gastos(ruta_archivo)

        elif eleccion == '3':
            break

        else:
            print("Elección no válida. Por favor, inténtelo de nuevo.")
```

```
if __name__ == "__main__":
    main()
```

Consejos para el éxito:

- **Claridad y precisión**: Asegúrate de que las instrucciones sean claras y de que las variables estén bien nombradas.
- **Gestión de errores**: Implementa una gestión de errores robusta para que tu programa sea fácil de usar.
- **Prueba a fondo**: Prueba tu programa con diferentes entradas para asegurarse de que funciona correctamente en diversas condiciones.

Capítulo 6: Navegación por la Programación Orientada a Objetos

Cuando conocí la programación orientada a objetos (POO), era una frontera tan inexplorada y desconcertante como el espacio exterior. Por aquel entonces, la programación orientada a objetos era la novedad en el mundo de la programación, e incluso los "supuestos" expertos se peleaban con sus conceptos. Y los ejemplos que utilizaban para explicar la programación orientada a objetos me resultaban totalmente incomprensibles. A menudo pensaba: "¿Qué tiene que ver eso con los problemas que tengo que resolver como programador?". Recuerdo que me sentía como al pie de una cima infranqueable, dudando de que llegara a entenderla.

Pero entonces me di cuenta de algo. Me di cuenta de que la programación orientada a objetos no solo imita el mundo real, sino que lo destila en un lenguaje que los ordenadores -y los humanos- pueden entender con asombrosa claridad.

Imagina que observas el mundo que te rodea y lo ves como una colección de objetos, cada uno con sus propiedades y comportamientos únicos. Mi botella de agua en el escritorio, la estantería llena de novelas, el reloj marcando la hora... todo se transformó de repente en objetos en el modelo de programación de mi mente. Esta epifanía fue mi momento de ruptura con la programación orientada a objetos. No se trataba de complicar las cosas, sino de organizar la complejidad de la vida en trozos comprensibles y manejables.

Encapsulación, el primer concepto de programación orientada a objetos que exploraremos, fue mi puerta de entrada a esta nueva forma de pensar. Es como reconocer que cada objeto en tu vida tiene su propio estado interno y un conjunto de acciones que puede realizar, escondido del mundo exterior pero funcionando sin problemas como parte de un sistema mayor. Esta idea, sencilla pero poderosa, es solo el principio.

En este capítulo, emprenderemos juntos un viaje, viendo el mundo a través de la lente de la programación orientada a objetos. Esta perspectiva acerca la programación al orden natural de las cosas, haciéndola más intuitiva y, francamente, más alineada con cómo experimentamos la vida. Mi esperanza no es solo enseñarte los principios de la programación orientada a objetos, sino compartir la maravilla de ver cómo lo ordinario se transforma en extraordinario a través del poder del pensamiento orientado a objetos.

Vamos a sumergirnos en esta aventura, no solo como aprendices y profesores, sino como exploradores que descubren un lenguaje que tiende puentes entre nuestras creaciones digitales y el mundo que nos rodea. Al final de este capítulo, puede que te encuentres mirando a tu alrededor y maravillándote ante los objetos que conforman tu mundo, tanto tangibles como conceptuales.

Veamos si POO "sacude tu mundo" como lo hizo con el mío.

6.1 ¿Qué son las clases y los objetos?

Mira a tu alrededor. ¿Qué ves? ¿Estás en una mesa? ¿Hay un ordenador en la mesa? ¿Hay una lámpara? ¿Un bolígrafo? ¿Una planta? ¿Un sofá? ¿Una cómoda? Todos ellos son objetos.

Centrémonos en la lámpara por un momento. ¿Cómo la describirías? Podrías fijarte en su color, su forma o el tipo de luz que emite. ¿Qué es capaz de hacer? Quizás se enciende y se apaga, ajusta el brillo o incluso cambia de color. ¿Cuál es su entrada? Puede ser un interruptor, un botón o incluso una orden de voz. ¿Y su salida? La luz varía en intensidad o color en función de la entrada. ¿Cómo interactúas con él? Mediante acciones físicas o comandos, ¿verdad?

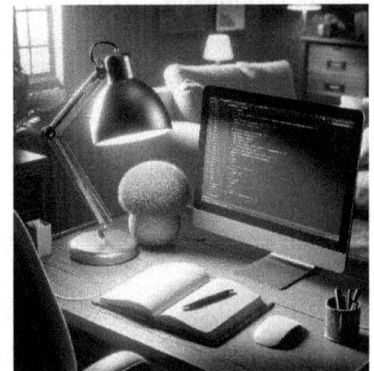

En programación, especialmente en programación orientada a objetos (POO), utilizamos "clases" y "objetos" para describir e interactuar con los componentes de nuestro software, de forma similar a como interactuamos con objetos físicos como la lámpara de tu escritorio.

Una clase puede considerarse como un plano o una plantilla. Define las propiedades (como el color, el nivel de brillo) y los comportamientos (como encender/apagar, ajustar el brillo) que tendrán sus objetos, del mismo modo que el diseño de una lámpara especifica sus características y funcionalidades.

Por otro lado, un objeto es una instancia específica de una clase, como una lámpara concreta de tu escritorio. Mientras que la clase sirve como concepto general o plano, el objeto es la realización de ese concepto, completo con valores reales para sus propiedades (por ejemplo, una lámpara roja, actualmente apagada) y la capacidad de realizar sus comportamientos (por ejemplo, la lámpara puede encenderse para iluminar tu habitación).

Imagina la clase como la idea de una lámpara, que engloba todas las características y acciones potenciales que puede tener una lámpara. Cuando compras una lámpara y la colocas en tu escritorio, esa lámpara se convierte en un objeto. Tiene características específicas definidas por la clase lámpara, pero también tiene sus rasgos únicos (como su posición en tu escritorio, la luz específica que proporciona, etc.).

Esta forma de pensar permite a los programadores crear sistemas complejos e interactivos, organizados y comprensibles. Al definir clases, podemos crear múltiples objetos a partir del mismo plano, cada uno con sus propiedades y comportamientos únicos, como si tuviéramos lámparas diferentes en las distintas habitaciones de nuestra casa.

6.2 Definir una clase

Hay innumerables formas de definir (o describir) una lámpara en código Python. Pero aquí hay una versión simple que tiene dos atributos para representar su color y estado (encendido o apagado), y dos métodos para encender y apagar la lámpara.

```python
class Lampara:
    def __init__(self, color, esta_encendida=False):
        self.color = color
        self.esta_encendida = esta_encendida

    def encender(self):
        self.esta_encendida = True
        print(f"La lámpara {self.color} está encendida.")

    def apagar(self):
        self.esta_encendida = False
        print(f"La lámpara {self.color} está ahora apagada.")
```

Hay algunas cosas nuevas en este código, que requieren un poco de explicación:

- **Clase Definición**: La palabra clave `class` seguida de `Lampara` inicia la definición de nuestra clase. Lampara es el nombre de nuestra clase, que actúa como un plano para crear objetos lámpara.

- **Método `__init__`**: Este es un método especial en Python, llamado constructor. Se llama automáticamente cuando se crea un nuevo objeto de la clase `Lampara`. El parámetro `self` (referencia al propio objeto) se refiere a la instancia actual de la clase y se utiliza para acceder a las variables que pertenecen a la clase. El método `__init__` inicializa el nuevo objeto lámpara con dos atributos:

- **Atributo `Color`**: Este atributo almacena el color de la lámpara. Se establece cuando se crea el objeto lámpara, lo que permite que cada lámpara tenga un color diferente.

- **Atributo `esta_encendida`**: Este atributo booleano almacena si la lámpara está encendida o apagada. Es opcional y su valor por defecto es `False` (apagado) si no se especifica al crear el objeto lámpara.

- **Método `encender`**: Este método cambia el atributo `esta_encendida` del objeto lámpara a `True` (indicando que la lámpara está encendida) e imprime un mensaje indicando que la lámpara está ahora encendida. Observa cómo utiliza `self` para acceder y modificar los atributos del objeto lámpara específico.

- **Método `apagar`**: De forma similar, este método establece el atributo `esta_encendida` en `False` e imprime un mensaje indicando que la lámpara está ahora apagada.

6.3 Crear y utilizar objetos

Con la clase `Lampara` definida, ahora puedes crear e interactuar con objetos lámpara en tu código. Así es como puedes crear una lámpara azul y encenderla:

```
azul_lamp = Lampara("azul")
azul_lamp.encender()
```

Este fragmento de código crea un nuevo objeto `Lámpara` llamado `azul_lamp` con el color "azul". A continuación, llama al método `encender` de `azul_lamp`, que establece su atributo `esta_encendida` en `True` e imprime "La lámpara azul está encendida".

Al definir clases como `Lampara`, los programadores pueden crear objetos que encapsulan tanto datos (propiedades o atributos) como funciones (métodos) relacionados con entidades específicas, lo que hace que el código sea más organizado, reutilizable y fácil de entender.

Entender las clases y los objetos es el primer paso en el vasto y fascinante mundo de la programación orientada a objetos. A medida que profundicemos, verás cómo estos conceptos nos ayudan a modelar escenarios del mundo real en software, haciendo que nuestros programas sean más modulares, flexibles e intuitivos a la hora de trabajar con ellos.

6.4 Entender la composición : Clases dentro de clases

A medida que nos adentramos en el ámbito de la programación orientada a objetos (POO) , nos encontramos con poderosos conceptos que no solo hacen que nuestro código sea más eficiente, sino que también reflejan la complejidad y la interconexión del mundo real. Uno de estos conceptos es la composición, un principio fundamental de la programación orientada a objetos que permite utilizar objetos para construir estructuras más complejas. Para ilustrar esto, vamos a explorar un ejemplo práctico que implica una clase `Cliente` que incorpora una clase `Direccion`.

La clase de Direccion

Imagina que te encargas de almacenar la información de las direcciones de los clientes. En lugar de mezclar todos los detalles, decides encapsular los datos relacionados con la dirección dentro de su propia clase:

```python
class Direccion:
    def __init__(self, calle, ciudad, estado, codigo_postal):
        self.calle = calle
        self.ciudad = ciudad
        self.estado = estado
        self.codigo_postal = codigo_postal

    def actualizar_direccion(self, calle, ciudad, estado, codigo_postal):
        """Actualiza los datos de la dirección."""
        self.calle = calle
        self.ciudad = ciudad
        self.estado = estado
        self.codigo_postal = codigo_postal
        print("¡La dirección se ha actualizado correctamente!")
```

Esta clase `Direccion` es sencilla y contiene atributos como `calle`, `ciudad`, `estado`, y `codigo_postal`. También cuenta con un método, `actualizar_direccion`, para actualizar estos detalles, mostrando la encapsulación y la funcionalidad del método.

La clase Cliente

Consideremos ahora nuestra clase `Cliente`. Los clientes, además de su nombre y correo electrónico, tienen una dirección. He aquí cómo podemos componer un objeto cliente que incluya una dirección:

```python
class Cliente:
    def __init__(self, nombre, email, direccion):
        """Inicializa un cliente con nombre, email y dirección."""
        self.nombre = nombre
        self.email = email
```

```python
        self.direccion = direccion  # Este es un objeto de la clase Direccion

    def mostrar_info_cliente(self):
        """Muestra la información del cliente."""
        print(f"Nombre: {self.nombre}")
        print(f"Correo electrónico: {self.email}")
        print("Dirección:")
        print(f"  Calle: {self.direccion.calle}")
        print(f"  Ciudad: {self.direccion.ciudad}")
        print(f"  Estado: {self.direccion.estado}")
        print(f"  Código postal: {self.direccion.codigo_postal}")

    def actualizar_direccion(self, calle, ciudad, estado, codigo_postal):
        """Actualiza la dirección del cliente."""
        self.direccion.actualizar_direccion(calle, ciudad, estado, codigo_postal)
```

En la clase `Cliente`, el atributo `direccion` demuestra la composición al contener un objeto `Direccion`. Este diseño nos permite gestionar las direcciones de los clientes de forma eficiente, manteniendo la integridad de nuestros datos al garantizar que la información relacionada con la dirección se gestiona dentro de su contexto correcto.

Unirlo todo

Pongamos nuestras clases a trabajar:

```python
# Crear un objeto Direccion para nuestro cliente
direccion_cliente =  Direccion("Periférico 123", "Guadalajara", "Jalisco", "12345")

# Crear un objeto Cliente, incorporando el objeto Dirección
cliente = Cliente("Juan Pérez", "juanperz@example.com", direccion_cliente)

# Inicialmente mostrar la información del cliente
cliente.mostrar_info_cliente()

# Supongamos que el cliente se muda; actualizamos la dirección
cliente.actualizar_direccion("Periférico 456", "Monterrey", "Nuevo León", "67890")

# Mostrar la información actualizada para reflejar la nueva dirección
cliente.mostrar_info_cliente()
```

Este ejemplo demuestra el poder de la composición en la programación orientada a objetos. Al encapsular los detalles de la dirección dentro de su propia clase e integrarlos en la clase `Cliente`, conseguimos una estructura de código limpia, organizada y modular. Pone de relieve cómo las relaciones y jerarquías del mundo real pueden modelarse eficazmente en el software, haciendo que nuestros programas sean más intuitivos y manejables.

6.5 Envolver la encapsulación

A medida que hemos viajado a través de los reinos de las clases y objetos, y explorado las tierras de la composición con nuestras clases `Cliente` y `Direccion`, hemos bailado sutilmente con el principio de encapsulación, una de las piedras angulares de la programación orientada a objetos. Encapsulación no se trata solo de agrupar variables y métodos en una clase; se trata de salvaguardar el funcionamiento interno de esa clase, la creación de una interfaz clara y segura con la que el resto del programa pueda interactuar.

La esencia de la encapsulación

- **Ocultación de datos**: En el fondo, la encapsulación consiste en ocultar datos. Al igual que un mago oculta los secretos detrás de sus trucos, la encapsulación oculta el estado interno de los objetos. Esto no es para engañar, sino para proteger. El método `actualizar_direccion` dentro de nuestra clase `Direccion` es un ejemplo perfecto. Protege la manipulación directa de los atributos de dirección, asegurando la integridad de los datos y evitando efectos secundarios no deseados.

- **Simplificar la complejidad**: Encapsulación es nuestro aliado en la batalla contra la complejidad. Al envolver los datos y los métodos que actúan sobre esos datos en un único paquete, nos permitimos pensar en problemas de nivel superior sin enredarnos en los detalles. Nuestra configuración de `Cliente` y `Direccion` ejemplifica esto, mostrando cómo entidades complejas pueden ser gestionadas de forma estructurada y comprensible.

- **Reutilización y modularidad**: La belleza de la encapsulación también reside en su promoción de la reutilización y la modularidad. La clase `Direccion` que hemos creado no es solo una maravilla para nuestra clase `Cliente`. Está lista para ser reutilizada siempre que se necesite una dirección, mostrando el diseño modular en su máxima expresión.

- **Mantenimiento y evolución**: El código encapsulado es como una biblioteca bien organizada. Es más fácil de mantener y adaptar a nuevas necesidades. Los cambios dentro de la clase `Direccion` permanecen ocultos al `Cliente` mientras su interacción se mantenga constante. Esta separación de preocupaciones asegura que nuestro código pueda evolucionar sin causar una cascada de alteraciones en todo el programa.

Una vez comprendido el poderoso concepto de encapsulación, es hora de aventurarse hacia adelante. El siguiente paso lógico en nuestra odisea de programación orientada a objetos es explorar los principios igualmente vitales de la herencia, el polimorfismo y la abstracción. Cada uno de ellos se construye sobre nuestra base, tejiendo un tapiz más rico de comprensión que te permitirá crear software más sofisticado y eficiente.

6.6 Adoptar la herencia

Herencia en la programación orientada a objetos es similar a heredar rasgos de nuestros padres pero poseer características únicas. Permite que una clase, conocida como subclase o clase hija, herede los atributos y métodos de otra clase, conocida como superclase o clase padre. Este principio fomenta una jerarquía organizativa natural dentro de la programación, lo que permite un diseño más estructurado e intuitivo.

Sintaxis básica y estructura

En Python, heredar de una clase es sencillo. Supongamos que definimos una clase básica `Vehiculo` que sirve como nuestra clase padre. Entonces podemos crear una clase `Coche` que herede de `Vehiculo`, adoptando sus atributos y métodos e introduciendo algunos propios.

```
clase Vehiculo:
    def __init__(self, marca, anio):
        self.marca = marca
        self.anio = anio

    def arrancar(self):
        print(f"El vehículo {self.marca} está arrancando.")

class Coche(Vehiculo):  # Hereda de Vehiculo
    def __init__(self, marca, anio, modelo):
        super().__init__(marca, anio)  # Llama al constructor de la clase padre
        self.modelo = modelo

    # Sobrescribimos el método arrancar() con una versión específica para Coche
    def arrancar(self):
        print(f"El {self.marca} {self.modelo}, {self.anio}, está empezando.")
```

Conceptos clave de la herencia

- **Herencia única** : Cuando una clase hereda de una sola clase padre. Nuestra clase `Coche` demuestra la herencia única derivando de la clase `Vehiculo`.

- **Herencia múltiple** : Ocurre cuando una clase hereda de más de una clase padre. Esta característica permite un diseño más flexible pero puede introducir complejidad.

```
class VehiculoElectrico:
    def cargar(self):
        print("Cargando el vehículo.")

class CocheElectrico(Coche, VehiculoElectrico):  # Hereda tanto de Coche como de
VehiculoElectrico
    pass
```

- **Sobreescritura de métodos**: Una subclase puede proporcionar su implementación específica de un método de la clase padre. En nuestro ejemplo, `Coche` sustituye al método `arrancar` de `Vehiculo`.

- **Función Super** : La función `super()` se utiliza para llamar a métodos de la clase padre. Esto es útil cuando se amplía o modifica la funcionalidad de los métodos heredados, como se muestra en el constructor `Coche`.

Ventajas de la herencia

- **Reutilización del código**: La herencia favorece la reutilización del código. La clase `Coche` puede utilizar los atributos y métodos de `Vehiculo` sin redefinirlos.

- **Creación de jerarquías:** Ayuda a establecer jerarquías de clases claras y lógicas, simplificando la comprensión y gestión de bases de código complejas.

- **Extensibilidad**: La herencia facilita la ampliación del código existente. Se pueden desarrollar nuevas clases sobre las estructuras existentes, mejorando la funcionalidad sin alterar el código original.

Aplicación práctica de la herencia

Imaginemos el desarrollo de un sistema de software para un servicio de alquiler de coches. Podríamos tener varios tipos de vehículos, cada uno con características comunes (como marca y año) pero también con atributos específicos (como modelo o capacidad de carga para vehículos eléctricos).

```
# Define Vehiculo, Coche y CocheElectrico como se muestra arriba

# Crear una instancia de CocheElectrico
tesla_model_s = Coche eléctrico("Tesla", 2020, "Modelo S")
tesla_model_s.cargar()  # Específico del coche eléctrico
tesla_model_s.arrancar() # Método sobreescrito de Coche, que hereda de Vehiculo
```

Esta jerarquía simplifica la representación de los distintos tipos de vehículos, permitiendo comportamientos compartidos y únicos entre ellos.

6.7 Envolver la herencia

Herencia es la piedra angular de la programación orientada a objetos, ya que permite una reutilización eficaz del código, jerarquías lógicas y una fácil extensibilidad. Al comprender y aplicar la herencia, los programadores pueden crear bases de código más organizadas, escalables y fáciles de mantener.

A continuación, exploraremos el polimorfismo, otro principio de la programación orientada a objetos que permite tratar objetos de clases diferentes como objetos de una superclase común, mejorando aún más la flexibilidad y funcionalidad de nuestros programas.

6.8 Explorar el polimorfismo

Polimorfismo, del griego "muchas formas", es un concepto de la programación orientada a objetos (POO) que permite tratar objetos de clases diferentes como objetos de una superclase común. Es la capacidad de que clases diferentes respondan a la misma llamada de método de formas diferentes, aunque relacionadas. Imagina un escenario sencillo: tú, asumiendo diferentes roles a lo largo del día como empleado, padre o pasajero. A pesar de los diferentes comportamientos en cada papel, sigues siendo tú en el fondo. Del mismo modo, el polimorfismo nos permite realizar una misma acción de diferentes maneras.

Tipos de polimorfismo

Polimorfismo en tiempo de compilación (Sobrecarga de métodos): Este tipo de polimorfismo ocurre cuando múltiples métodos dentro de una clase tienen el mismo nombre pero diferentes parámetros. Por ejemplo, basándose en los argumentos proporcionados, un método de dibujo podría sobrecargarse para dibujar varias formas, como círculos, rectángulos o triángulos.

Polimorfismo en tiempo de ejecución (Sobreescritura de métodos): Esto ocurre cuando una subclase proporciona una implementación específica para un método que ya es proporcionado por su clase padre. De esta forma, el método se comporta de forma diferente dependiendo del objeto que lo invoque. Por ejemplo, un método genérico de la clase `Vehiculo`, `arrancar()`, podría ser sobrescrito por las subclases `Coche` y `Moto` para arrancar un coche o una moto específicamente.

Implementación del polimorfismo

Con su tipado dinámico, Python no soporta el polimorfismo tradicional en tiempo de compilación (sobrecarga de métodos) como se ve en los lenguajes tipados estáticamente. Sin embargo, la flexibilidad de Python permite un comportamiento polimórfico principalmente a través de la sobrecarga de métodos y el tipado dinámico.

Considera este ejemplo que demuestra el polimorfismo en tiempo de ejecución:

```
class Vehiculo:
    def arrancar(self):
        print("Arrancando el vehículo")

class Coche(Vehiculo):
    def arrancar(self):
        print("Arrancando el coche")
```

```
class Bicicleta(Vehiculo):
    def arrancar(self):
        print("Arrancando la bicicleta")

def arrancar_vehiculo(vehiculo):
    vehiculo.arrancar()

# Crear instancias
coche = Coche()
bicicleta = Bicicleta()

# Demostrando el polimorfismo
arrancar_vehiculo(coche)     # Salida: Arrancando el coche
arrancar_vehiculo(bicicleta)  # Salida: Arrancando la bicicleta
```

En este ejemplo, la función `arrancar_vehiculo` utiliza el método `arrancar` de cualquier vehículo que se le dé, mostrando polimorfismo al tratar diferentes objetos como instancias de su superclase `Vehiculo`.

Ventajas del polimorfismo

- **Flexibilidad**: El polimorfismo permite el uso flexible de una única interfaz, permitiendo utilizar el mismo método para diferentes propósitos en varios objetos.

- **Simplicidad**: Simplifica la gestión del código al reducir la necesidad de largas y complejas sentencias condicionales para determinar el tipo de un objeto antes de actuar sobre él.

- **Facilidad de mantenimiento**: Polimorfismo mejora la mantenibilidad a través de acoplamiento flojo y minimiza las dependencias, por lo que es más fácil de ampliar y gestionar el código.

Aplicaciones prácticas del polimorfismo

- **Interfaz gráfica de usuario (GUI) Componentes**: En el desarrollo de GUI (del inglés, Graphic User Interface), el polimorfismo permite la creación de un conjunto unificado de operaciones (como `dibujar` o `hacer clic`) que puede ser aplicado a través de varios componentes (botones, deslizadores, casillas de verificación), cada uno con su comportamiento único.

- **Sistemas de procesamiento de pagos:** Polimorfismo simplifica la integración y gestión de varios métodos de pago (tarjetas de crédito, PayPal, criptomonedas) en un sistema al permitir que se procesen a través de una interfaz común, facilitando la incorporación sencilla de nuevos métodos de pago.

6.9 El polimorfismo como conclusión

Polimorfismo es un concepto fundamental de la programación orientada a objetos que permite a los programadores diseñar sistemas flexibles y dinámicos. El polimorfismo mejora la reutilización, simplicidad y mantenimiento del código al tratar de forma similar objetos de clases diferentes. Como hemos visto, sus aplicaciones van desde la simplificación de la gestión de componentes de la interfaz gráfica de usuario hasta la racionalización de los sistemas de procesamiento de pagos, lo que subraya su importancia en el diseño eficiente de software.

Más adelante, profundizaremos en la abstracción, otro principio fundamental de la programación orientada a objetos. La abstracción complementa al polimorfismo al permitirnos centrarnos en lo que hace un objeto en lugar de en cómo lo hace, lo que contribuye aún más a la robustez y claridad de nuestros diseños de software.

6.10 Dominar la abstracción

La abstracción en el desarrollo de software es similar a centrarse en lo que hace un coche—avanzar o retroceder—sin necesidad de entender los entresijos de su motor o sistemas de transmisión. Este principio de ocultar la complejidad al tiempo que se revelan las funcionalidades necesarias es fundamental en la programación orientada a objetos (POO) . Permite a los desarrolladores interactuar con los objetos a un nivel superior, garantizando que los detalles de implementación subyacentes permanezcan ocultos.

Principios de abstracción

En esencia, la abstracción consiste en separar el propósito de un sistema de su implementación, lo que facilita su comprensión y uso. En la programación orientada a objetos, esto se consigue definiendo clases que representan conceptos y entidades abstractos. Estas clases exponen los métodos y propiedades relevantes para su función, mientras que el funcionamiento interno permanece oculto, promoviendo una interfaz más limpia e intuitiva para los desarrolladores.

Implementación de la abstracción en Python

Python logra la abstracción a través de clases abstractas e interfaces, aunque a su manera única, tipada dinámicamente.

- **Clase Abstracta**: El módulo ABC (Abstract Base Class) de Python proporciona la infraestructura para definir clases abstractas. Una clase abstracta puede incluir uno o más métodos abstractos, que son métodos declarados en la clase pero que deben ser implementados por subclase(s).

```
from abc import ABC, abstractmethod
```

```
class Vehiculo(ABC):
    @abstractmethod
    def arrancar(self):
        pass

class Coche(Vehiculo):
    def arrancar(self):
        print("El coche arranca con una llave.")
```

En este ejemplo, `Vehiculo` sirve como una clase abstracta que define un contrato para sus subclases, como `Coche`, asegurando que proporcionan implementaciones específicas para el método `arrancar`.

- **Interfaces**: Python no soporta explícitamente interfaces, como ocurre en lenguajes como Java. En su lugar, aprovecha la tipificación pato - "Si parece un pato y grazna como un pato, debe ser un pato"- permitiendo una forma de polimorfismo en la que el tipo exacto de un objeto es menos importante que los métodos que define.

6.11 Clase abstracta vs Interfaces

Aunque la naturaleza dinámica de Python no impone estrictamente el uso de interfaces, el concepto está implícitamente respaldado. Las clases abstractas definen un esqueleto que las subclases deben completar, compartiendo en algunos casos parte de la implementación. En cambio, las interfaces (realizadas mediante *tipado por comportamiento —duck typing*) se enfocan únicamente en las firmas de los métodos, promoviendo así una mayor flexibilidad y menor acoplamiento entre objetos.

Ventajas de la abstracción

- **Simplificación**: Al exponer solo las partes necesarias de un sistema, la abstracción facilita la comprensión y el uso de sistemas complejos.

- **Flexibilidad**: Permite cambios en la implementación de una interfaz abstracta sin interrumpir a sus usuarios, promoviendo un código adaptable.

- **Seguridad**: Abstraer el funcionamiento interno de las clases puede evitar usos indebidos y proteger la integridad de los datos y el comportamiento.

Aplicaciones prácticas de la abstracción

- **Sistemas de bases de datos**: La abstracción es fundamental en la interacción con bases de datos, donde las consultas complejas se ejecutan mediante llamadas a métodos sencillos, ocultando los detalles de conexión y manipulación de los datos.

- **Desarrollo de API**: Las API son interfaces abstractas de software o servicios que ofrecen un medio simplificado de realizar operaciones complejas, ya sea enviar datos por la red o procesar multimedia.

Retos y consideraciones

Implementar la abstracción conlleva sus retos. Un exceso de abstracción puede generar una complejidad innecesaria, lo que puede afectar al rendimiento y a la capacidad de mantenimiento. Es esencial encontrar el equilibrio adecuado para garantizar que la abstracción simplifique el desarrollo sin introducir capas adicionales de complejidad.

6.12 Resumiendo la abstracción

La abstracción es una piedra angular de la programación orientada a objetos, esencial para desarrollar código escalable, mantenible y utilizable. Al centrarse en "qué" hace un objeto y no en "cómo" lo consigue, la abstracción sienta las bases de principios más complejos como la encapsulación, la herencia y el polimorfismo.

6.13 Una mirada más amplia: lo que realmente desbloquea la programación orientada a objetos

Cuando yo estaba aprendiendo programación orientada a objetos, alguien me dijo: "Solo necesitas ponerte los lentes de la POO." En ese momento pensé que era una broma. Pero tenían razón.

La POO no es solo una técnica de codificación—es una forma de ver el mundo. Una vez que aprendes a detectar patrones como *"este objeto tiene propiedades (o atributos) y funciones (o métodos) que hacen cosas"*, empiezas a ver la vida diaria como un diagrama de clases.

¿Ves esa taza de café en tu escritorio? Es un objeto. Tiene atributos—color, volumen, temperatura—y métodos: llenar(), beber(), lavar().
¿Tu perro? También es un objeto. ¿Tu calendario? ¿Tu lista de tareas? Lo mismo.

Hasta ahora, has creado tus propias clases, atributos y métodos. Eso es apenas el extremo poco profundo de la piscina de la programación orientada a objetos. Pero no te engañes—esa piscina es *mucho* más profunda.

A medida que avances, conocerás los cuatro pilares fundamentales de la POO:

- **Encapsulamiento**: agrupar datos y comportamiento en un solo lugar

- **Herencia**: reutilizar código entre clases

- **Polimorfismo**: tratar distintos objetos de la misma manera

- **Abstracción**: ocultar la complejidad detrás de interfaces simples

No necesitas dominar todo eso hoy. Pero ahora sabes que existe.

Y aquí viene lo mejor: las herramientas que estás aprendiendo ahora son las mismas que los desarrolladores usan para crear videojuegos, sitios web, sistemas de inteligencia artificial y más. No solo estás aprendiendo POO—estás aprendiendo a pensar como programador.

Y es ahí donde la POO se vuelve aún más emocionante.
Línea por línea, paso a paso—vas a llegar. Estás construyendo una vida de aprendizaje, y esto apenas comienza.

6.14 Resumen del capítulo

En este capítulo, nos embarcamos en un viaje a través de los principios básicos de la Programación Orientada a Objetos (POO) , desentrañando su impacto transformador en el desarrollo de software. Comenzamos explorando los conceptos de clases y objetos, donde las clases sirven como planos que definen las propiedades y comportamientos de los objetos, y los objetos son instancias de estas clases, encapsulando datos y funcionalidades específicas. A través de ejemplos prácticos, como la clase `Lampara`, vimos cómo definir atributos y métodos, dando vida a conceptos abstractos.

A continuación nos adentramos en principios de programación orientada a objetos más avanzados, como la encapsulación, la herencia, el polimorfismo y la abstracción. La Encapsulación demostró la importancia de agrupar datos y métodos dentro de una clase, lo que favorece la ocultación de datos y mejora la modularidad del código. La composición se ilustró con las clases `Cliente` y `Dirección`, mostrando cómo pueden construirse objetos complejos a partir de otros más simples. La Herencia nos permitió ver cómo una clase puede heredar atributos y métodos de otra, fomentando la reutilización del código y creando una jerarquía natural, como se demostró con las clases `Vehiculo` y `Coche`. El polimorfismo reveló cómo objetos de clases diferentes pueden tratarse como objetos de una superclase común, aumentando la flexibilidad y simplicidad de nuestro código. Por último, la abstracción puso de manifiesto la importancia de exponer solo las partes necesarias de un objeto ocultando sus detalles de implementación, simplificando la interacción y mejorando la seguridad, como ejemplifican las clases `Vehiculo` y `Coche`.

Construimos una aplicación de seguimiento de gastos mejorada a través de estos conceptos, integrando los principios de la programación orientada a objetos para gestionar y manipular eficazmente los datos de gastos. Este proyecto demostró la utilidad práctica de la programación orientada a objetos, enfatizando su papel en la creación de software organizado, mantenible y escalable. Con una base sólida en programación orientada a objetos, ahora está preparado para enfrentarse a retos de programación más complejos, listo para diseñar e implementar sistemas sofisticados que reflejen la complejidad y la elegancia del mundo real.

6.15 Ejercicios del capítulo

Ejercicio 1: Definir y utilizar una clase

Descripción: Crear una clase para representar un libro e instanciar objetos de esta clase.

Tarea:

1. **Definir la clase** : Define una clase `Libro` con atributos de título, autor y año. Incluye un método `__init__` para inicializar estos atributos.

2. **Añadir métodos**: Añade un método para mostrar los detalles del libro.

3. **Crear objetos**: Crea instancias de la clase `Libro` y llama al método para mostrar sus detalles.

Ejercicio 2: Utilizar la composición

Descripción: Crear una clase `Biblioteca` que contenga múltiples objetos `Libro`.

Tarea:

1. **Definir la clase Biblioteca** : Define una clase `Biblioteca` con un atributo para una lista de libros. Incluye un método `__init__` para inicializar esta lista.

2. **Añadir métodos**: Añade métodos para añadir un libro a la biblioteca y para mostrar todos los libros.

3. **Utiliza Composición** : Crea instancias de la clase `Libro` y añádelas a la `Biblioteca`.

Ejercicio 3: Implementar la herencia

Descripción: Crear una subclase `EBook` que herede de `Libro` y añada un atributo para el tamaño del archivo.

Tarea:

1. **Define la subclase** : Define una clase `EBook` que herede de `Libro`. Añade un atributo para el tamaño del archivo e inclúyelo en el método `__init__`.

2. **Anular métodos**: Anula el método `mostrar_detalles` para incluir el tamaño del archivo.

3. **Crear objetos**: Crea instancias de `EBook` y llama al método para mostrar sus detalles.

Ejercicio 4: Demostración del polimorfismo

Descripción: Utiliza el polimorfismo para manejar diferentes tipos de libros con una interfaz común.

Tarea:

1. **Definir una función** : Define una función que acepte un objeto libro y llame a su método `mostrar_detalles`.

2. **Crear objetos**: Crear instancias de `Libro` y `EBook`.

3. **Llame a la función** : Pasa los objetos libro a la función y observa el polimorfismo en acción.

Ejercicio 5: Utilizar la abstracción

Descripción: Crear una clase abstracta `Forma` con métodos abstractos para calcular el área y el perímetro.

Tarea:

1. **Definir la clase abstracta** : Utiliza el módulo `ABC` para definir una clase abstracta `Forma`. Añade los métodos abstractos `calcular_area` y `calcular_perimetro`.

2. **Crear Subclases**: Crea subclases `Circulo` y `Rectangulo` que hereden de `Forma`. Implementa los métodos abstractos en cada subclase.

3. **Crear objetos**: Crear instancias de `Circulo` y `Rectangulo` y llamar a sus métodos.

6.16 Proyecto del capítulo: Rastreador de gastos mejorado con OOP

Descripción: Crear un rastreador de gastos personales que lea, escriba y manipule datos de gastos almacenados en archivos JSON utilizando principios de Programación Orientada a Objetos (POO) .

Tarea:

1. **Definir la estructura de datos**: Los gastos deben representarse utilizando una clase `Gasto`.

2. **Gestión de Gastos**: Implementar una clase `RegistroGastos` para gestionar el cobro de gastos.

3. **Lectura de datos**: Implementar un método para leer los gastos de un archivo JSON .

4. **Escritura de datos**: Implementar un método para escribir gastos en un archivo JSON .

5. **Añadir un gasto**: Implementar un método para añadir un nuevo gasto.

6. **Visualización de gastos**: Implementar un método para visualizar todos los gastos.

7. **Tratamiento de errores**: Garantiza una sólida gestión de errores en las operaciones con archivos y en el procesamiento de datos JSON .

6.17 Guía paso a paso:

1. Define la clase de gasto :

```
class Gastos:
    def __init__(self, fecha, importe, categoria, descripcion):
        self.fecha = fecha
        self.importe = importe
        self.categoria = categoria
        self.descripcion = descripcion

    def __str__(self):
        return f"Fecha: {self.fecha}, Importe: {self.importe}, Categoría: {self.categoria},
Descripción: {self.descripcion}"
```

2. Define la clase RegistroGastos :

```
import json

class RegistroGastos:
    def __init__(self, ruta_archivo):
        self.ruta_archivo = ruta_archivo
        self.gastos = self.leer_gastos()

    def leer_gastos(self):
        try:
            with open(self.ruta_archivo, 'r') as archivo:
```

```
            datos_gastos = json.load(archivo)
            return [Gasto(**gasto) for gasto in datos_gastos]
        except FileNotFoundError:
            return []
        except json.JSONDecodeError:
            print("Error al descodificar JSON.")
            return []
        except Exception as e:
            print(f"Se ha producido un error inesperado: {e}")
            return []

    def escribir_gastos(self):
        try:
            with open(self.ruta_archivo, 'w') as archivo:
                json.dump([gasto.__dict__ for gasto in self.gastos], archivo, indent=4)
        except Exception as e:
            print(f"Se ha producido un error: {e}")

    def anadir_gasto(self, nuevo_gasto):
        self.gastos.append(nuevo_gasto)
        self.escribir_gastos()

    def ver_gastos(self):
        for gasto in self.gastos:
            print(gasto)
```

3. Actualiza la función principal para utilizar clases:

```
def main():
    ruta_archivo = 'gastos.json'
    tracker = RegistroGastos(ruta_archivo)

    while True:
        print("\n1. Añadir Gasto\n2. Ver Gastos\n3. Salir")
        eleccion = input("Introduzca su elección: ")

        if eleccion == '1':
            fecha = input("Introduzca la fecha (AAAA-MM-DD): ")
            importe = float(input("Introduzca el importe: "))
            categoria = input("Introduzca la categoría: ")
            descripcion = input("Introduzca la descripción: ")
            nuevo_gasto = Gasto(fecha, importe, categoria, descripcion)
            tracker.anadir_gasto(nuevo_gasto)

        elif eleccion == '2':
            tracker.ver_gastos()

        elif eleccion == '3':
            break

        else:
            print("Elección no válida. Por favor, inténtelo de nuevo.")

if __name__ == "__main__":
    main()
```

Consejos para el éxit

- **Claridad y precisión**: Asegúrate de que las instrucciones sean claras y de que las variables estén bien nombradas.

- **Gestión de errores**: Implemente una gestión de errores robusta para que tu programa sea fácil de usar.

- **Prueba a fondo**: Prueba tu programa con diferentes entradas para asegurarse de que funciona correctamente en diversas condiciones.

Capítulo 7: Interfaces gráficas de usuario con Tkinter

Después de viajar a través de los fundamentos de Python y la programación orientada a objetos, es el momento de añadir otra herramienta interesante a su caja de herramientas: interfaces gráficas de usuario, o GUI. Con el módulo Tkinter , Python te permite crear ventanas, botones y campos de texto, transformando tu código en aplicaciones interactivas.

Las Interfaces Gráficas de Usuario (GUIs) hacen que las aplicaciones sean fáciles de usar, proporcionando elementos visuales como botones, campos de texto y ventanas con los que los usuarios pueden interactuar. Tkinter es la biblioteca integrada de Python para crear interfaces gráficas de usuario. Es fácil de usar y viene incluida con Python, lo que la convierte en una excelente opción para principiantes.

Tkinter es el conjunto de herramientas GUI estándar de Python. Proporciona una forma rápida y sencilla de crear aplicaciones gráficas. Es ligero y fácil de usar, especialmente en comparación con otros kits de herramientas.

Tkinter está incluido en la librería estándar de Python, así que si tienes Python instalado, puedes empezar a usar Tkinter sin instalar nada extra. Sirve de envoltorio para el conjunto de herramientas Tcl/Tk GUI, proporcionando una forma pitónica de crear y gestionar elementos GUI.

Antes de sumergirse en la programación de GUI con Tkinter , necesita asegurarse de que su entorno está correctamente configurado.

7.1 Verificación de la disponibilidad de Tkinter

Tkinter se incluye con Python como biblioteca estándar. Para verificar que Tkinter está instalado y funcionando, sigue estos pasos:

1. **Crear un nuevo script Python**:

   - Abre tu editor de texto o IDE.

   - Crea un nuevo archivo Python y nómbralo algo así como `verify_tkinter.py`.

2. **Escribe el código de verificación**:

   - En el nuevo archivo, escribe el siguiente código:

   ```
   import tkinter

   tkinter._test()
   ```

3. **Ejecuta el archivo:** Guarda el archivo y ejecútalo utilizando tu editor de texto o IDE.

   Deberías ver algo como esto:

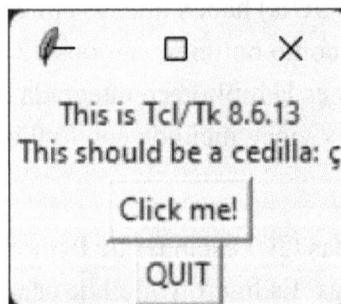

7.2 Resolución de problemas comunes

   - **Tkinter no encontrado**: Si al importar Tkinter *se produce un ModuleNotFoundError*, es posible que tu instalación de Python no incluya Tkinter. Esto puede ocurrir con ciertas instalaciones mínimas de Python o sistemas operativos. En este caso, puede que necesites reinstalar Python desde el sitio web oficial, asegurándote de seleccionar la opción de instalar Tkinter (normalmente incluido por defecto).

- **Actualización de Python**: Si tu versión de Python está obsoleta, descarga la última versión de python.org e instálala. Las instalaciones modernas de Python incluyen Tkinter por defecto.

- **Usuarios de Linux**: En algunas distribuciones de Linux, Tkinter puede no estar incluido con el paquete por defecto de Python. Normalmente puedes instalarlo a través de tu gestor de paquetes. Por ejemplo, en Ubuntu, puedes utilizar `sudo apt-get install python3-tk`.

7.3 Tu primera aplicación Tkinter

Crear tu primera aplicación con Tkinter es un hito en tu viaje hacia la programación de GUI . Esta sección te guiará a través del proceso, comenzando con una simple ventana y añadiendo gradualmente elementos para hacerla interactiva.

Importación de Tkinter

Toda aplicación Tkinter comienza importando el módulo *tkinter*. Abre tu editor de código favorito o IDE, y vamos a empezar por escribir el código siguiente:

```
import tkinter as tk
```

Creación de la ventana principal

La ventana principal sirve como base para tu aplicación, donde residirán todos los demás widgets (como botones, etiquetas y campos de texto). Crea la ventana principal usando la clase *tk.Tk()*:

```
root= tk.Tk()
root.title("Mi primera aplicación Tkinter ")
```

Aquí, *root* (del inglés, raíz) es una convención común para nombrar el objeto ventana principal. Es la base o punto de partida de todos los objetos gráficos de la aplicación, como la raíz de un árbol.

Añadir una etiqueta y un botón

A continuación, vamos a añadir una etiqueta y un botón a la ventana principal:

```
etiqueta = tk.Label (root, text="Hola, Tkinter !", font=('Arial', 14))
etiqueta.pack(pady= 10)

boton = tk.Button (root, text="Haz clic", command=al_clic_del_boton)
boton.pack(pady= 10)
```

Añade la siguiente función bajo la sentencia `import`:

```
def al_clic_del_boton():
    etiqueta.config(text= "¡Botón pulsado!")
```

Inicio del bucle de eventos

Por último, Inicia el bucle de eventos de Tkinter :

```
root.mainloop()
```

Esto crea e inicia un bucle continuo que comprueba constantemente los eventos y actualiza su GUI en consecuencia. Sin él, tu aplicación se cerraría inmediatamente en lugar de esperar a la acción del usuario.

Ahora, tu código debería tener este aspecto:

```
import tkinter as tk

def al_clic_del_boton():
    etiqueta.config(text="¡Botón pulsado!")

root = tk.Tk()
root.title("Mi primera aplicación Tkinter ")

etiqueta = tk.Label(root, text= "Hola, Tkinter !", font=('Arial', 14))
etiqueta.pack(pady=10)

boton = tk.Button(root, text="Haz clic", command=al_clic_del_boton)
boton.pack(pady=10)

root.mainloop()
```

Sigue adelante y ejecuta el código, Deberías ver una ventana como la de la izquierda. Y luego, cuando hagas clic en el botón, "Hola, Tkinter !" se convierte en "Botón clic!"

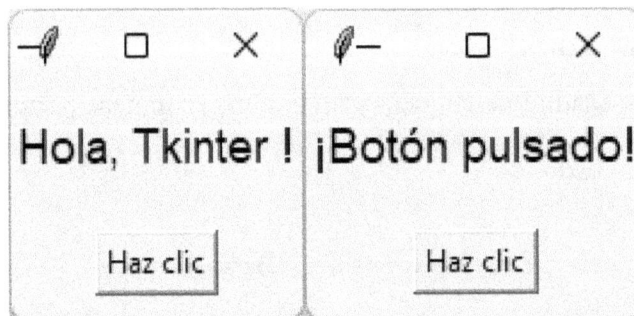

Si eres como yo, estás muy "emocionado" por este primer programa GUI , que está funcionando tan maravillosamente. Podemos detenernos aquí un momento para disfrutar de la gloria de lo que has logrado y permitirte recuperar la compostura ....

¿Estás bien? Genial, continuemos. ¡Más maravillas en camino!

Pero mientras te secas las lágrimas, probablemente te estés preguntando. "Es increíble. Pero, ¿cómo lo he hecho?". Hablemos de eso ahora:

Explicación del código:

- **Importando Tkinter** : `import tkinter as tk` importa el módulo Tkinter y lo aliasea como `tk` por conveniencia.

- **Creación de la ventana principal**: `root = tk.Tk()` inicializa la ventana principal.

- **Establecer el título de la ventana**: `root.title("Mi primera aplicación Tkinter ")` establece el título de la ventana.

- **Añadir una etiqueta** : `etiqueta = tk.Label(root, text="Hola, Tkinter !", font=('Arial', 14))` crea una etiqueta con el texto y la fuente especificados.

- **Añadir la etiqueta a la ventana**: `etiqueta.pack(pady=10)` coloca la etiqueta en la ventana con relleno.

- **Añadir un botón** : `boton = tk.Button(root, text="Hazme clic", command=al_clic_del_boton)` crea un botón que llama a `al_clic_del_boton` cuando se hace clic en él.

- **Añadir el botón a la ventana**: `boton.pack(pady=10)` coloca el botón en la ventana con relleno.

- **Inicio del bucle** de eventos : `root.mainloop()` inicia el bucle de eventos de Tkinter .

7.4 Gestión del diseño

Las etiquetas y los botones se denominan widgets. Una vez creados los widgets, hay que especificar su disposición en la ventana principal. Aquí es donde los gestores de diseño entran en juego. Tkinter proporciona varios métodos para esto.

Introducción al Layout Managers

Los gestores de diseño controlan la posición y el tamaño de los widgets dentro de la ventana principal. Tkinter proporciona tres gestores de diseño principales: `pack()`, `grid()` y `place()`.

Método pack()

El método `pack()` de Tkinter ordena los widgets en un bloque, donde cada bloque se apila encima o al lado de los demás. En el ejemplo de código, "Etiqueta1" se sitúa en la parte superior de la ventana porque es el primer widget empaquetado con la opción `side="top"`. Esta opción especifica que el widget debe colocarse en la parte superior del espacio disponible, apilándose verticalmente.

"Etiqueta 2" y "Etiqueta 3" se colocan horizontalmente uno al lado del otro porque ambos utilizan la opción `side="left"`. Esta opción especifica que los widgets deben colocarse a la izquierda del espacio disponible, apilándose horizontalmente. La opción `fill="x"` utilizada con "Etiqueta 2" y "Etiqueta 3" permite que estas etiquetas se expandan horizontalmente para llenar el espacio disponible.

Aquí está el código de ejemplo que produce este diseño:

```python
import tkinter as tk

root = tk.Tk()
root.title("Pack Ejemplo de diseño")

etiqueta1 = tk.Label(root, text="Etiqueta 1", bg="red", fg="white")
etiqueta2 = tk.Label(root, text="Etiqueta 2", bg="green", fg="white")
etiqueta3 = tk.Label(root, text="Etiqueta 3", bg="blue", fg="white")

etiqueta1.pack(side="top", fill="x")
etiqueta2.pack(side="left", fill="y")
etiqueta3.pack(side="left", fill="y")

root.mainloop()
```

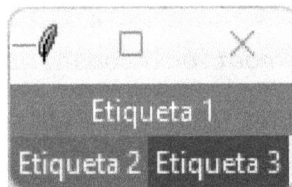

Explicación del código y la imagen:

- **Etiqueta 1**: Empaquetada con `side="top"`, por lo que se coloca en la parte superior de la ventana, ocupando todo el ancho (`fill="x"`).

- **Etiqueta 2**: Empaquetada con `side="left"`, por lo que se coloca a la izquierda del espacio restante. Ocupa toda la altura (`fill="y"`).

- **Etiqueta 3**: También empaquetada con `side="left"`, por lo que se coloca a la derecha de la "Etiqueta 2", ocupando toda la altura (`fill="y"`).

138

Este diseño demuestra cómo se puede utilizar el método `pack()` para crear una disposición simple pero estructurada de widgets en una ventana Tkinter .

Método grid()

El método `grid()` de Tkinter coloca los widgets en una cuadrícula de filas y columnas, lo que permite diseños más complejos. Cada widget se coloca en una fila y columna específicas, de forma similar a la estructura de una tabla. Este método proporciona un control preciso sobre el posicionamiento de los widgets.

En el ejemplo de código, "Etiqueta 1", "Etiqueta 2" y "Etiqueta 3" están dispuestas en una cuadrícula:

- "Etiqueta 1" se coloca en la primera fila y la primera columna (`row=0, column=0`).
- "Etiqueta 2" se coloca en la segunda fila y la segunda columna (`row=1, column=1`).
- "Etiqueta 3" se coloca en la tercera fila y la tercera columna (`row=2, column=2`).

Aquí está el código de ejemplo que produce este diseño:

```python
import tkinter as tk

root = tk.Tk()
root.title("Cuadrícula Ejemplo de diseño")

etiqueta1 = tk.Label (root, text="Etiqueta 1", bg="red", fg="white")
etiqueta2 = tk.Label (root, text="Etiqueta 2", bg="green", fg="white")
etiqueta3 = tk.Label (root, text="Etiqueta 3", bg="blue", fg="white")

etiqueta1.grid(row=0, column=0)
etiqueta2.grid(row=1, column=1)
etiqueta3.grid(row=2, column=2)

root.mainloop()
```

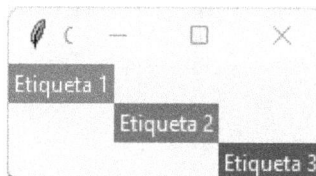

Explicación del código y la imagen:

Demuestra el método `grid()` y cómo organiza los widgets en un tabular.

- **Etiqueta 1**: Se coloca en la primera fila (row=0) y en la primera columna (column=0). Aparece en la esquina superior izquierda de la cuadrícula.

- **Etiqueta 2**: Se coloca en la segunda fila (row=1) y en la segunda columna (column=1). Aparece en el centro de la cuadrícula.

- **Etiqueta 3**: Se coloca en la tercera fila (row=2) y en la tercera columna (column=2). Aparece en la esquina inferior derecha de la cuadrícula.

Este diseño demuestra cómo puede utilizarse el método grid() para crear una disposición estructurada y organizada de widgets en una ventana Tkinter . Cada widget se posiciona basándose en su fila y columna especificadas, permitiendo un control preciso sobre la disposición.

Método place()

El método place() de Tkinter permite establecer explícitamente la posición y el tamaño de un widget utilizando coordenadas x e y. Este método proporciona el control más preciso sobre la colocación de widgets, pero requiere que gestione manualmente las posiciones, lo que puede ser menos flexible que los métodos pack() y grid().

En el ejemplo de código, "Etiqueta 1", "Etiqueta 2" y "Etiqueta 3" están situadas en coordenadas específicas dentro de la ventana:

- "Etiqueta 1" se coloca en las coordenadas (50, 50).
- "Etiqueta 2" se coloca en las coordenadas (100, 100).
- "Etiqueta 3" se coloca en las coordenadas (150, 150).

Aquí está el código de ejemplo que produce este diseño:

```
import tkinter as tk

root = tk.Tk()
root.title("Ejemplo de diseño de lugar")

etiqueta1 = tk.Label(root, text="Etiqueta 1", bg="red", fg="white")
etiqueta2 = tk.Label(root, text="Etiqueta 2", bg="green", fg="white")
etiqueta3 = tk.Label(root, text="Etiqueta 3", bg="blue", fg="white")

etiqueta1.place(x=50, y=50)
etiqueta2.place(x=100, y=100)
etiqueta3.place(x=150, y=150)

root.mainloop()
```

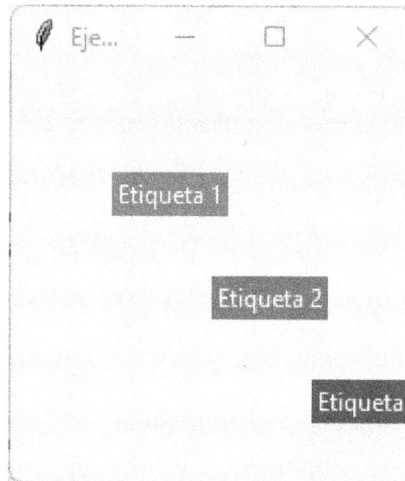

Explicación del código y la imagen:

- **Etiqueta 1**: colocada en las coordenadas (50, 50) mediante `etiqueta1.place(x=50, y=50)`. Aparece a 50 píxeles de la izquierda y a 50 píxeles de la parte superior de la ventana.

- **Etiqueta 2**: colocada en las coordenadas (100, 100) mediante `etiqueta2.place(x=100, y=100)`. Aparece a 100 píxeles de la izquierda y 100 píxeles de la parte superior de la ventana.

- **Etiqueta 3**: colocada en las coordenadas (150, 150) mediante `etiqueta3.place(x=150, y=150)`. Aparece a 150 píxeles de la izquierda y a 150 píxeles de la parte superior de la ventana.

Este diseño demuestra cómo puede utilizarse el método `place()` para colocar widgets con precisión dentro de una ventana Tkinter . Aunque este método proporciona un control exacto sobre la colocación de los widgets, requiere una gestión más manual y puede ser menos adaptable a cambios en el tamaño o contenido de la ventana.

7.5 Elegir el gestor de diseño adecuado

Elegir el gestor de diseño adecuado y comprender cómo utilizarlo eficazmente es clave para diseñar la estructura de su interfaz gráfica de usuario :

- **pack()**: Lo mejor para diseños simples y directos. Es fácil de usar pero menos flexible.

- **grid()**: Ideal para diseños más complejos, basados en cuadrículas. Proporciona más control sobre la colocación de widgets.

- **place()**: Utilízalo cuando necesites un control preciso sobre el posicionamiento de los widgets. Es la más flexible, pero también la más difícil de gestionar.

7.6 Widgets: Los componentes básicos de las interfaces gráficas de usuario

Los widgets son los elementos que componen tu interfaz gráfica de usuario. Pueden ser botones, campos de texto, etiquetas, deslizadores y más. Cada widget en Tkinter se representa como un objeto Python, y tú los añadirás a la ventana principal de tu aplicación para crear su interfaz. Los widgets tienen propiedades (como texto o tamaño) y métodos (como `pack()`, `grid()`, o `place()`) que usas para controlar su apariencia y comportamiento.

Etiquetas

Un widget Label muestra texto o imágenes. Es uno de los widgets más simples pero esenciales en Tkinter , a menudo utilizado para proporcionar información al usuario.

Código de ejemplo:

```
import tkinter as tk

root = tk.Tk()
root.title("Etiqueta Widget Ejemplo")

etiqueta = tk.Label (root, text="Esto es una etiqueta", font=('Arial', 14), bg="yellow")
etiqueta.pack(pady=10)

root.mainloop()
```

💡 **Nota:** *Los nombres de colores en Tkinter deben escribirse en inglés. Por ejemplo, "`yellow`" significa **amarillo**. Si escribes "`amarillo`", el programa mostrará un error.*

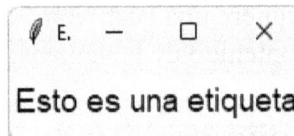

Explicación del Código:

- **Añadir una etiqueta** : `etiqueta = tk.Label(root, text="Esto es una etiqueta", font=('Arial', 14), bg="yellow")` crea una etiqueta con el texto, la fuente y el color de fondo especificados.

- **Añadir la etiqueta a la ventana:** `etiqueta.pack(pady=10)` coloca la etiqueta en la ventana con relleno.

Botones

Los botones son widgets interactivos en los que los usuarios pueden hacer clic para desencadenar acciones. Son cruciales para crear aplicaciones interactivas.

```python
import tkinter as tk

def boton_clic():
    print("¡Botón pulsado!")

root = tk.Tk()
root.title("Botón Widget Ejemplo")

boton = tk.Button(root, text="Haz clic", command=boton_clic, bg="lightblue", font=('Arial', 14))
boton.pack(pady=10)

root.mainloop()
```

Explicación del Código:

- **Definición de la función Callback** : La función `boton_clic` imprime un mensaje cuando se pulsa el botón.

- **Añadir un botón** : `boton = tk.Button(root, text="Haz clic", command=boton_clic, bg="lightblue", font=('Arial', 14))` crea un botón con el texto, comando, color de fondo y fuente especificados.

- **Añadir el botón a la ventana**: `boton.pack(pady=10)` coloca el botón en la ventana con relleno.

Entrada

Un widget de entrada permite a los usuarios introducir una sola línea de texto. Suele utilizarse en formularios y escenarios de introducción de datos.

```python
import tkinter as tk

root = tk.Tk()
root.title("Entrada Widget Ejemplo")

etiqueta= tk.Label (root, text="Introduzca su nombre:", font=('Arial', 14))
etiqueta.pack(pady=10)
```

143

```
entrada = tk.Entry (root, width= 30, font=('Arial', 14))
entrada.pack(pady=10)

root.mainloop()
```

Explicación del Código:

- **Añadir una etiqueta** : `etiqueta = tk.Label(root, text="Introduzca su nombre:", font=('Arial', 14))` crea una etiqueta con el texto y la fuente especificados.
- **Añadir la etiqueta a la ventana**: `etiqueta.pack(pady=10)` coloca la etiqueta en la ventana con relleno.
- **Añadir una entrada** : `entrada = tk.Entry(root, width=30, font=('Arial', 14))` crea un widget de entrada con la anchura y fuente especificadas.
- **Añadir la entrada a la ventana**: `entrada.pack(pady=10)` coloca la entrada en la ventana con relleno.

Texto

Para introducir texto en varias líneas, el widget Texto es la solución. Proporciona un área versátil para la introducción de datos por parte del usuario, ideal para aplicaciones que requieren una entrada de datos más extensa.

Código de ejemplo:

```
import tkinter as tk

root = tk.Tk()
root.title("Widget de texto Ejemplo")

etiqueta = tk.Label (root, text="Introduzca su dirección:", font=('Arial', 14))
etiqueta.grid(row=0, column=0, padx=10, pady=10, sticky="e")

cuadro_texto=tk.Text(root, height=10, width=40, font=('Arial', 14), bg="lightyellow")
cuadro_texto.grid(row=0, column=1, padx=10, pady=10)
```

```
root.mainloop()
```

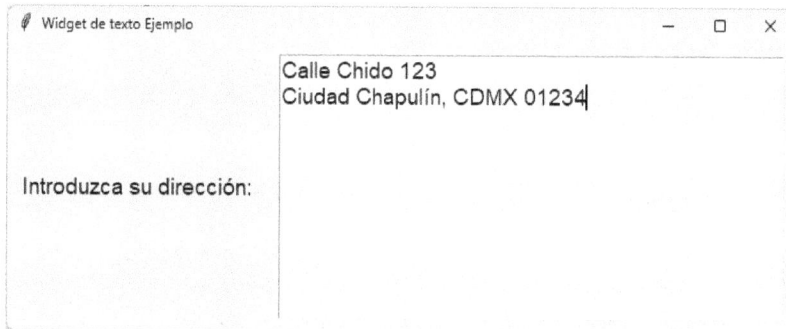

Explicación del Código:

- **Añadir una etiqueta** : etiqueta = tk.Label(root, text="Introduzca su dirección:", font=('Arial', 14)) crea una etiqueta con el texto y la fuente especificados.

- **Añadir la etiqueta a la ventana**: etiqueta.grid(row=0, column=0, padx=10, pady=10, sticky="e") coloca la etiqueta en la cuadrícula en la fila 0, columna 0, con relleno y alineada a la derecha (este).

- **Añadir un cuadro de texto**: cuadro_texto = tk.Text(root, height=10, width=40, font=('Arial', 14), bg="lightyellow") crea un widget de texto con la altura, anchura, fuente y color de fondo especificados.

- **Añadir el cuadro de texto a la ventana**: cuadro_texto.grid(row=0, column=1, padx=10, pady=10) coloca el cuadro de texto en la cuadrícula de la fila 0, columna 1, con relleno.

Marco

Un marco es un widget contenedor que guarda y organiza otros widgets. Es muy valioso para diseños GUI complejos , ya que ayuda a agrupar elementos relacionados. En este ejemplo, crearemos un sencillo formulario con etiquetas, campos de entrada y un botón dentro de un marco. Cuando se pulse el botón, se mostrará un mensaje de alerta..

```
import tkinter as tk
from tkinter import messagebox

def enviar_formulario():
    nombre = entrada_nombre.get()
    email = entrada_email.get()
    messagebox.showinfo("Formulario enviado", f"Nombre: {nombre}\nCorreo electrónico: {email}")

root = tk.Tk()
root.title("Marco Widget Ejemplo")

marco = tk.Frame(root, relief=tk.RAISED, borderwidth=2)
```

```
marco.pack(padx=10, pady=10)

etiqueta_nombre = tk.Label(marco, text="Nombre:", font=('Arial', 14))
etiqueta_nombre.grid(row=0, column=0, padx=5, pady=5, sticky="e")

entrada_nombre = tk.Entry(marco, width=30, font=('Arial', 14))
entrada_nombre.grid(row=0, column=1, padx=5, pady=5)

etiqueta_email = tk.Label(marco, text="Email:", font=('Arial', 14))
etiqueta_email.grid(row=1, column=0, padx=5, pady=5, sticky="e")

entrada_email = tk.Entry(marco, width=30, font=('Arial', 14))
entrada_email.grid(row=1, column=1, padx=5, pady=5)

boton_enviar = tk.Button(marco, text="Enviar:", command=enviar_formulario, font=('Arial', 14))
boton_enviar.grid(row=2, column=0, columnspan=2, pady=10)

root.mainloop()
```

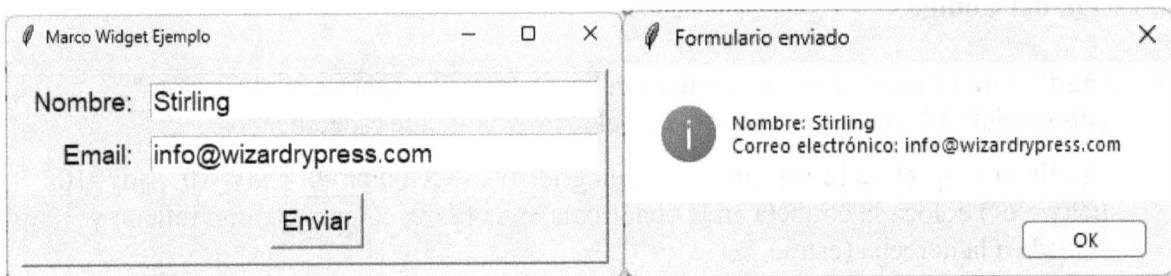

Marco Widget Ejemplo — □ ×	Formulario enviado ×
Nombre: Stirling	ℹ Nombre: Stirling
Email: info@wizardrypress.com	Correo electrónico: info@wizardrypress.com
Enviar	OK

Explicación del Código:

- **Añadir un marco** : `marco = tk.Frame(root, relief=tk.RAISED, borderwidth=2)` crea un marco con un relieve elevado y un ancho de borde de 2.

- **Añadir el marco a la ventana**: `marco.pack(padx=10, pady=10)` coloca el marco en la ventana con relleno.

- **Añadir la entrada de nombre al marco** : `etiqueta_entrada.grid(row=0, column=1, padx=5, pady=5)` coloca la entrada en el diseño de cuadrícula en la fila 0, columna 1, con relleno.

- **Añadir la entrada de correo electrónico al marco** : `entrada_email.grid(row=1, column=1, padx=5, pady=5)` coloca la entrada en el diseño de cuadrícula en la fila 1, columna 1, con relleno.

- **Añadir un botón de envío** : `boton_enviar = tk.Button(marco, text="Enviar", command=enviar_formulario, font=('Arial', 14))` crea un botón que llama a la función `enviar_formulario` cuando se pulsa.

- **Añadir el botón Enviar al marco** : `boton_enviar.grid(row=2, column=0, columnspan=2, pady=10)` coloca el botón en la cuadrícula de la fila 2, abarcando ambas columnas, con relleno.

- **Definición de la función callback** : La función `enviar_formulario` recupera el nombre y el email de los campos de entrada y muestra un mensaje de alerta usando `messagebox.showinfo`.

7.7 Cuadro de mensaje

Los cuadros de mensaje son una característica útil en Tkinter para mostrar mensajes informativos, de advertencia o de error al usuario. El módulo `tkinter.messagebox` proporciona varias funciones para crear diferentes tipos de cuadros de mensaje.

Importación del módulo Message Box

Antes de poder utilizar cuadros de mensaje en tu aplicación Tkinter , necesita importar el módulo `messagebox` de `tkinter`:

```
from tkinter import messagebox
```

Tipos comunes de cuadros de mensaje

Estos son algunos tipos comunes de cuadros de mensaje proporcionados por el módulo `messagebox`:

- **showinfo**: Muestra un mensaje informativo.
- **showwarning**: Muestra un mensaje de advertencia.
- **showerror**: Muestra un mensaje de error.
- **askquestion**: Muestra un cuadro de diálogo de pregunta con opciones Sí/No.
- **askokcancel**: Muestra un cuadro de diálogo con las opciones Aceptar/Cancelar.
- **askyesno**: Muestra un cuadro de diálogo con opciones Sí/No.
- **askretrycancel**: Muestra un cuadro de diálogo con opciones de Reintentar/Cancelar.

Parámetros del buzón de mensajes Funciones

Cada función de buzón de mensajes suele requerir al menos dos parámetros:

Título: El título de la ventana del buzón de mensajes.

Mensaje: El texto del mensaje que aparece en el cuadro de mensaje.

Los parámetros opcionales incluyen el `icono` y el `valor predeterminado` para personalizar el aspecto y el comportamiento del cuadro de mensaje.

Ejemplo: Visualización de un mensaje de error

He aquí un ejemplo de visualización de un simple mensaje de error utilizando la función
`showerror`:

```python
import tkinter as tk
from tkinter import messagebox

def mostrar_error():
    messagebox.showerror("Error",
                         "Humor no detectado. Verifica tu configuración de chistes.",
                         icon="error")

root = tk.Tk()
root.withdraw()    # Ocultar la ventana root

mostrar_error()

root.mainloop()
```

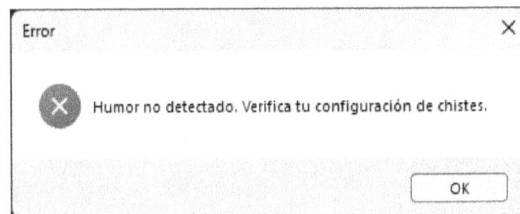

Explicación:

- **Importando Tkinter y Message Box** : `import tkinter as tk` and `from tkinter import messagebox` import Tkinter y el módulo message box.

- **Definición de la función callback** : La función `show_error` muestra un mensaje de error con un toque humorístico y un icono de error.

- **Ocultar la ventana root**: `root.withdraw()` oculta la ventana root ya que solo queremos mostrar el cuadro de mensaje.

- **Inicio del bucle** de eventos : `root.mainloop()` inicia el bucle de eventos de Tkinter.

💡 **Nota:** *El mensaje de error que se muestra aquí es solo con fines humorísticos. Puedes personalizar el texto para que coincida con el estilo de tu aplicación—ya sea informal, profesional o cualquier punto intermedio.*

Formular una pregunta sí/no

A continuación se muestra un ejemplo de visualización de un cuadro de diálogo de pregunta utilizando la función `askyesno`, incluyendo un icono y estableciendo el botón por defecto:

```
import tkinter as tk
from tkinter import messagebox

def preguntar_si_no():
    respuesta = messagebox.askyesno("Confirmación", "¿Desea continuar?",
        icon ='question', default='no')
    if respuesta:
        messagebox.showinfo("Respuesta", "¡Has elegido Sí!")
    else:
        messagebox.showinfo("Respuesta", "¡Has elegido No!")

root = tk.Tk()
root.withdraw()    # Ocultar la ventana root

preguntar_si_no ()

root.mainloop()
```

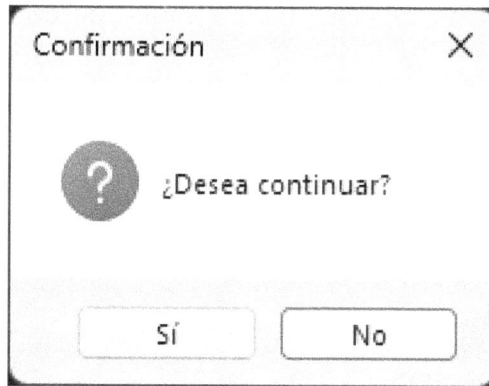

Explicación:

- **Definición de la función Callback** : La función `preguntar_si_no` muestra un diálogo de pregunta sí/no con un icono de pregunta y establece el botón por defecto en 'No'.

- **Mostrar mensaje de seguimiento**: Se muestra un mensaje de seguimiento utilizando showinfo basado en la respuesta del usuario.

- **Ocultar la** ventana **root**: `root.withdraw()` oculta la ventana root ya que en nuestro código de ejemplo solo queremos mostrar el cuadro de mensaje.

Estos ejemplos demuestran el uso básico del módulo `messagebox` para mostrar mensajes de error y hacer preguntas de sí/no, incluyendo el uso de iconos y la configuración predeterminada de los botones, manteniendo el código simple para centrarse en la funcionalidad del cuadro de mensaje.

7.8 Gestión de eventos en Tkinter

El manejo de eventos es un aspecto fundamental de la programación GUI . Permite a tus aplicaciones responder a las acciones del usuario como clics, tecleos o movimientos del ratón. En Tkinter, esta interacción se gestiona a través de eventos y funciones de devolución de llamada vinculada. Esta sección te guiará a través de los fundamentos del manejo de eventos en Tkinter, demostrando cómo hacer tus aplicaciones interactivas y dinámicas.

¿Qué son los eventos?

Un evento es cualquier acción o suceso reconocido por el programa, como pulsar una tecla o mover el ratón. Una vinculación es una conexión entre un evento y una función de devolución de llamada: cuando se produce el evento especificado, se ejecuta la función de devolución de llamada vinculada.

Vinculación de eventos a widgets

Lo más habitual es vincular eventos a widgets. Por ejemplo, puedes vincular una función al evento de clic de un botón.

```
def on_clic(evento=None):
    etiqueta.config(text="¡Se ha hecho clic en el botón !")


botón = tk.Button(root, text="Haz clic")
boton.pack()

boton.bind("<Button-1>", on_clic)    # Vincula el clic izquierdo del ratón a on_clic
```

Manejo de eventos de teclado

Tkinter también puede responder a eventos de teclado, lo que te permite desencadenar acciones basadas en las teclas pulsadas por el usuario.

```
def on_keypress(evento):
    etiqueta.config(text= f"Has pulsado {event.char}")

root.bind("<Tecla>", on_keypress)    # Vincula todas las pulsaciones de teclas a on_keypress
```

Este código hace que toda la ventana escuche la pulsación de teclas y actualiza la etiqueta con el carácter de la tecla pulsada.

Uso de la función lambda s para los parámetros

A veces, es posible que desee pasar parámetros adicionales a su función de devolución de llamada. Para ello puedes utilizar funciones lambda, que te permitirán incluir argumentos adicionales cuando se active el evento.

```
boton = tk.Button(root, texto= "Haz clic")
boton.bind()

boton.bind("<Button-1>", lambda event, arg="Extra Info": on_clic(event, arg))
```

7.9 Secuencias de eventos y modificadores

Tkinter soporta una variedad de secuencias de eventos y modificadores, permitiéndote crear complejos enlaces de eventos. Por ejemplo, puedes especificar eventos para diferentes botones del ratón, combinaciones de teclas, etc.

```
root.bind("<Control-c>", on_copy)    # Vincular Control+c a la función on_copy
```

7.10 Widget avanzado Personalización y estilos

Después de comprender los fundamentos de los widgets de Tkinter y dominar el manejo de eventos, el siguiente paso en el perfeccionamiento de tus aplicaciones GUI implica la personalización avanzada de widgets y la aplicación de estilos. Esta sección profundiza en la mejora del atractivo visual y la funcionalidad de sus widgets Tkinter, haciendo que tus aplicaciones sean funcionales y visualmente atractivas.

Personalización del aspecto del widget

Cada widget de Tkinter viene con un conjunto de opciones que permiten personalizar su apariencia y comportamiento. Estas opciones pueden establecerse mediante argumentos de palabras clave en el momento de la creación del widget o modificarse dinámicamente con métodos durante el tiempo de ejecución.

- **Colores**: Personaliza los colores de fondo (bg) y primer plano (fg) para mejorar la disposición visual de tus widgets.

```
boton= tk.Button (root, text= "Haz clic", bg= "blue", fg= "white")
boton.pack(
```

- **Fuentes**: La opción de fuentes permite ajustar el tipo, tamaño y estilo de la fuente para que el texto de las etiquetas, botones y entradas sea más legible o visualmente agradable.

```
etiqueta= tk.Label (root, text= "Bienvenido", font=("Arial", 12, "negrita"))
etiqueta.pack()  ˎ
```

- **Dimensiones**: Controla el tamaño de los widgets mediante las opciones de altura y anchura, y gestiona el espacio alrededor de los widgets utilizando `padx` y `pady` para el relleno interno e `ipadx` e `ipady` para el relleno externo.

7.11 Uso de ttk (Tk temático) para un aspecto moderno

Tkinter incluye un conjunto de widgets con estilo conocido como `ttk` (Themed Tk), que permite crear aplicaciones con un diseño más moderno y profesional. Además de ofrecer un aspecto visual más pulido, `ttk` permite aplicar estilos personalizados y usar temas predefinidos.

Ejemplo: Aplicar un tema y un estilo personalizado

```python
import tkinter as tk
from tkinter import ttk

root = tk.Tk()
root.title("Botón con estilo")

style = ttk.Style()
style.theme_use("clam")  # Usando un tema predefinido

# Crear un estilo personalizado para botones
style.configure("C.TButton", font=("Arial", 10), padding=10)

# Aplicar el estilo personalizado a un botón
boton = ttk.Button(root, text="Botón con estilo", style="C.TButton")
boton.pack(pady=10)

root.mainloop()
```

Explicación:

- **Importar ttk**: `from tkinter import ttk` da acceso a widgets con estilos modernos.

- **Usar un tema**: `theme_use("clam")` cambia el tema visual del programa.

- **Configurar un estilo personalizado**: `style.configure(...)` permite definir fuente, tamaño y espacio para un tipo de widget.

- **Aplicar el estilo al botón**: El estilo `"C.TButton"` se aplica directamente al botón para modificar su apariencia.

💡 **Nota**: Los temas y estilos pueden ayudarte a dar un aspecto más profesional o personalizado a tu interfaz. Puedes experimentar con distintos temas como `"alt"`, `"default"` o `"clam"` según lo que mejor se adapte a tu aplicación.

7.12 Widget dinámico Actualizaciones

Más allá de la personalización estática, Tkinter permite actualizaciones dinámicas de los widgets, permitiendo a tus aplicaciones responder a eventos con retroalimentación visual. Por ejemplo, puede cambiar el texto de una etiqueta en respuesta a la pulsación de un botón o actualizar el color de fondo de un widget para indicar un cambio de estado.

```python
def actualizar_etiqueta():
    etiqueta.config(text= "Texto actualizado", fg= "verde")

boton= tk.Button (root, text= "Actualizar etiqueta ", command= actualizar_etiqueta)
boton.pack()
```

7.13 Integración de datos y servicios externos en aplicaciones Tkinter

Más allá del diseño de interfaces interactivas y visualmente atractivas, la verdadera potencia de las aplicaciones GUI reside a menudo en su capacidad para interactuar con fuentes y servicios de datos externos. Esta capacidad transforma una interfaz estática en una aplicación dinámica y funcional. En esta sección, exploraremos cómo mejorar tus aplicaciones Tkinter obteniendo datos de APIs externas, leyendo y escribiendo en archivos, e integrando otros servicios externos y bases de datos.

Obtención de datos de API

Interactuar con las API web es un requisito común para las aplicaciones modernas, ya que les permite acceder a datos en tiempo real como actualizaciones meteorológicas, información financiera, estado de los envíos o feeds de redes sociales.

- **Elegir un cliente HTTP de Python**: Para realizar peticiones HTTP a una API , puedes utilizar la biblioteca de *peticiones de* Python, que simplifica el envío de peticiones HTTP y la gestión de las respuestas.

```python
import requests

def obtener_datos_meteorologicos(nombre_ciudad):
    api_url= f"http://api.weatherapi.com/v1/current.json?key=YOUR_API _KEY&q={nombre_ciudad}"
response= requests.get(api_url)
    if response.status_code== 200:
        return response.json()    # Analizar datos JSON de la respuesta
    else:
        return None
```

- **Integración de llamadas a la API en Tkinter** : Utiliza los datos obtenidos de las APIs para actualizar su GUI elementos dinámicamente.

```
def actualizar_tiempo():
    ciudad= ciudad_entrada.get()
    datos= obtener_datos_meteorologicos(ciudad)
    if datos:
        etiqueta_clima.config(text= f"{ciudad}: {datos['actual']['temp_c']}°C")
    else
        etiqueta_clima.config(text= "Datos no encontrados.")
```

Lectura y escritura de archivos

Muchas aplicaciones requieren la lectura y escritura de archivos para la persistencia de datos. Las funciones de gestión de archivos integradas en Python funcionan a la perfección en las aplicaciones Tkinter .

- **Lectura de un archivo**: Muestra el contenido de un archivo de texto en un widget Tkinter Text.

```
def cargar_archivo_contenido():
    with open('ejemplo.txt', 'r') as archivo:
        contenido= archivo.read()
        text_widget.insert(tk.END, contenido)
```

- **Escribir en un archivo**: Guarda el contenido de un widget Tkinter Entry o Text en un archivo.

```
def guardar_contenido_en_archivo():
    content= text_widget.get("1.0", tk.END)
    with open('salida.txt', 'w') as archivo:
        archivo.write(content)
```

Integración con bases de datos

La integración de una base de datos puede proporcionar almacenamiento y recuperación de datos estructurados para aplicaciones que requieren una gestión de datos más compleja.

- **Base de datos SQLite**: El módulo *sqlite3* de Python permite interactuar directamente con bases de datos SQLite, ideales para el almacenamiento local de datos.

```
import sqlite3

def crear_db():
    conn= sqlite3.connect('mi_app.db')
    c= conn.cursor()
    c.execute('''CREATE TABLE IF NOT EXISTS users (username text, age integer)''')
    conn.commit()
    conn.close()
```

- **Operaciones CRUD** : Implementa funciones para crear, leer, actualizar y eliminar registros en tu base de datos.

```
def insertar_usuario (nombre_usuario, edad):
    conn= sqlite3.connect('mi_app.db')
    c= conn.cursor()
    c.execute("INSERT INTO users VALUES (?, ?)", (nombre_usuario, edad))
    conn.commit()
    conn.close()
```

La integración de datos y servicios externos en tus aplicaciones Tkinter abre infinitas posibilidades para crear aplicaciones ricas e interactivas.

Ya se trate de obtener datos en tiempo real de API web, almacenar datos introducidos por el usuario en archivos o gestionar datos con bases de datos, estas integraciones hacen que tus aplicaciones sean más dinámicas y útiles. Experimenta con estos conceptos y estudia cómo pueden mejorar la funcionalidad y la experiencia de usuario de tus proyectos.

7.14 Despliegue de apps Tkinter: Buenas prácticas y compartición

Tras desarrollar tu aplicación Tkinter e integrarla con datos y servicios externos, el siguiente paso crucial es el despliegue. El despliegue implica empaquetar tu aplicación en un formato que pueda ser fácilmente distribuido y ejecutado en las máquinas de los usuarios, independientemente de su sistema operativo. Esta sección cubrirá las mejores prácticas para el despliegue de aplicaciones Tkinter y garantizar que sean accesibles y utilizables para su público objetivo.

Creación de un ejecutable independiente

Una de las formas más fáciles de distribuir una aplicación Tkinter es convirtiéndola en un ejecutable independiente. Este proceso empaqueta tu aplicación con un intérprete de Python y todos los módulos necesarios, por lo que los usuarios no necesitan instalar Python para ejecutar tu aplicación.

- **Uso de PyInstaller**: PyInstaller es una popular herramienta para crear ejecutables de aplicaciones Python para Windows, macOS y Linux. Analiza tus programas Python para descubrir todos los demás módulos y librerías que tu programa necesita para ejecutarse. A continuación, recopila copias de todos esos archivos -¡incluido el intérprete de Python activo! - y los coloca junto con tu script en una única carpeta u, opcionalmente, en un único archivo ejecutable.

```
pip install pyinstaller
pyinstaller --onefile tu_script.py
```

La opción `--onefile` indica a PyInstaller que debe empaquetar todo en un único ejecutable. Después de ejecutar este comando, encontrarás el ejecutable en el directorio dist.

Pruebas en distintos entornos

Antes de distribuir tu aplicación, es esencial probarla en distintos sistemas operativos y entornos. Así se garantiza la compatibilidad y se detectan los problemas específicos de cada plataforma.

Máquinas virtuales y contenedores: Las máquinas virtuales (VM) o los contenedores pueden probar eficazmente tu aplicación en entornos limpios y controlados que imitan diferentes sistemas operativos.

Gestión de dependencias

Si tu aplicación depende de bibliotecas o módulos externos, la gestión de estas dependencias es crucial para garantizar que tu aplicación se ejecute sin problemas en otras máquinas.

- **Archivo de requisitos**: Crea un archivo `requirements.txt` con una lista de todos los módulos externos de los que depende tu aplicación. Este archivo se puede utilizar con pip para instalar fácilmente todas las dependencias necesarias.

```
pip freeze> requirements.txt
```

Documentación del usuario

Proporcionar una documentación clara y concisa es vital para ayudar a los usuarios a entender cómo instalar y utilizar tu aplicación.

- **Instrucciones de instalación**: Incluye instrucciones paso a paso para instalar tu aplicación, cubriendo diferentes sistemas operativos según sea necesario.

- **Guía del usuario**: Crea una guía o manual sencillo que explique cómo utilizar tu aplicación, destacando sus características y funcionalidades.

Actualizaciones y mantenimiento

Por último, piensa en cómo gestionará las actualizaciones y el mantenimiento de tu aplicación.

- **Versionado**: Adopta un esquema de versionado razonable (por ejemplo, Versionado Semántico) para tu aplicación para ayudar a los usuarios y desarrolladores a realizar un seguimiento de los cambios y actualizaciones.

- **Mecanismo de actualización**: Considera la posibilidad de implementar un mecanismo de actualización dentro de tu aplicación que compruebe e instale automáticamente las actualizaciones, mejorando la experiencia del usuario.

Desplegar una aplicación Tkinter implica algo más que empaquetar el código; requiere una cuidadosa consideración de la experiencia del usuario final, desde la instalación hasta el uso diario. Siguiendo las mejores prácticas para la creación de ejecutables independientes, la gestión de dependencias, pruebas a través de entornos , y proporcionar una documentación completa, puede asegurarse de que tu aplicación es accesible, utilizable y mantenible.

7.15 Resumen del capítulo

En este capítulo aprendiste los fundamentos para crear interfaces gráficas de usuario (GUIs) con Tkinter. Exploraste cómo crear ventanas, organizar widgets usando gestores de diseño como `pack()`, `grid()` y `place()`, y trabajar con elementos comunes como etiquetas (labels), botones, campos de entrada (entry) y cajas de texto.

También aprendiste a usar cuadros de mensaje (message boxes), manejar eventos, aplicar estilos con `ttk` y seguir buenas prácticas para compartir tus aplicaciones. Estas habilidades te preparan para los proyectos que vienen, como construir una calculadora, una aplicación de lista de tareas y, más adelante, convertir tu juego de Tic-Tac-Toe en una experiencia gráfica completa.

7.16 Ejercicios propuestos

Ejercicio 1: Crear una calculadora sencilla

Descripción: Crear una sencilla calculadora basada en GUI que puede realizar operaciones aritméticas básicas (suma, resta, multiplicación, división).

Tarea:

1. **Configurar la GUI** : Crea una ventana principal usando Tkinter . Añade un widget `Entry` en la parte superior para mostrar la entrada y los resultados.

2. **Crear botones**: Cree botones para dígitos (`0-9`), operaciones aritméticas (`+ , -, *, /`), y botones adicionales para= y `c` (borrar). Organiza estos botones en una cuadrícula para conseguir un aspecto similar al de una calculadora.

3. **Define las acciones del botón** : Cuando se pulsa un botón de dígito o de operación, añade su valor al widget `Entry`. Cuando se pulsa el botón= , evalúa la expresión

introducida en el widget Entry. Utiliza la función eval de Python para realizar el cálculo, pero controla cualquier error que pueda producirse. Cuando se pulse el botón C, borre el contenido del widget Entry.

4. **Ejecuta el bucle de eventos** : Inicia el bucle de eventos de Tkinter para que la GUI responda.

Pistas:

- Utiliza el gestor de diseño grid para colocar los botones en un patrón de cuadrícula.
- La función eval puede evaluar una expresión de cadena, pero asegúrate de manejar las excepciones con try-except.
- Usa una función de devolución de llamada (callback) para el comando de cada botón que actualice el widget Entry.
- Las instalaciones modernas de Python incluyen Tkinter por defecto.

Fragmento parcial de código:

```python
import tkinter as tk

def evaluar_expresion(expresion):
    try:
        resultado = eval(expresion)
        return resultado
    except Exception as e:
        return "Error"


def al_clic_del_boton(char):
    if char == "=":
        resultado = evaluar_expresion(entrada.get())
        entrada.delete(0, tk.END)
        entrada.insert(tk.END, str(resultado))
    elif char == "C":
        entrada.delete(0, tk.END)
    else:
        entrada.insert(tk.END, char)

# Establecer ventana principal, widget Entry, y los botones aquí ...
```

Ejercicio 2: Crear una aplicación de listas de tareas

Descripción: Crear una aplicación de lista de tareas basada en GUI donde los usuarios puedan añadir, borrar y ver tareas.

Tarea:

1. **Configurar la GUI** : Crear una ventana principal usando Tkinter . Añade un widget `Entry` para que el usuario introduzca nuevas tareas.

2. **Crear un Listbox**: Añade un widget `Listbox` para mostrar la lista de tareas. Añade una barra de desplazamiento al `Listbox` para una mejor navegación cuando haya muchas tareas.

3. **Añadir botones para acciones**: Crear un botón "Añadir tarea" que añada el texto del widget `Entry` a la `List`. Crear un botón "Eliminar tarea" que elimine la tarea seleccionada del `Listbox`.

4. **Define las acciones del botón** : Para el botón "Añadir tarea", recupera el texto del widget `Entry` y añádelo a la `List`. Para el botón "Eliminar tarea", elimina el elemento seleccionado del `Listbox`. Asegúrate de que un elemento está seleccionado antes de intentar eliminarlo.

5. **Ejecuta el bucle de eventos** : Inicia el bucle de eventos de Tkinter para que la GUI responda.

Pistas:

- Utiliza el gestor de diseño de `pack` o `grid` para organizar los widgets.

- Los métodos `insert` y `delete` del widget `Listbox` se pueden utilizar para añadir y eliminar tareas.

- Utiliza `messagebox.showwarning` para alertar al usuario si intenta añadir una tarea vacía o eliminar sin seleccionar una tarea.

```python
import tkinter as tk
from tkinter import messagebox

def anadirH_tarea():
    tarea= entrada.get()
     tarea != "":
        tasks_listbox.insert(tk.END, tarea)
        entrada.delete(0, tk.END)
    else:
        messagebox.showwarning("Advertencia", "Debe introducir una tarea.")

def eliminar_tarea():
    try:
        task_index= tasks_listbox.curselection()[0]
        tasks_listbox.delete(task_index)
    excepto:
        messagebox.showwarning("Advertencia", "Debe seleccionar una tarea para eliminarla.")
```

```
# Configurar ventana principal, widget de entrada, listbox, y botones aquí...
```

7.17 Capítulo Proyecto - Convertir el juego de Gato a Tkinter

Este proyecto te guiará a través de la conversión del juego Gato de consola previamente desarrollado en una versión de interfaz gráfica de usuario interactiva (GUI) utilizando Tkinter . Al final de este proyecto, tendrás un juego Gato completamente funcional que los usuarios pueden jugar con clics en lugar de entrada de consola, profundizando tu comprensión de la programación dirigida por eventos y el desarrollo de GUI en Python.

En el capítulo 4, completamos una versión totalmente funcional basada en consola de nuestro juego Gato, que nos servirá de base para la transición a la versión GUI de este proyecto.

Para empezar a desarrollar con la versión GUI , puedes cargar el código del juego de consola en tu IDE. Alternativamente, si prefieres hacer borrón y cuenta nueva o necesitas un repaso, puedes empezar con el código proporcionado en este libro.

7.18 Diseñar la interfaz gráfica de Gato

En esta sección, diseñaremos la interfaz gráfica de usuario (GUI) para nuestro juego juego del Gato utilizando Tkinter . La transición de la consola a una GUI nos permite crear una experiencia más atractiva e interactiva para los jugadores. El proceso de diseño implica planificar el diseño, elegir los widgets adecuados para los elementos del juego y tener en cuenta la experiencia del usuario.

Ventana de juego y diseño

El primer paso en el diseño de nuestra GUI es conceptualizar la ventana de juego. Esta ventana servirá de lienzo para nuestro tablero de juego, los mensajes de estado y los botones de control. Nuestro objetivo es crear una interfaz sencilla pero intuitiva que mejore la interacción del jugador sin abrumarlo con complejidades innecesarias.

- **Tamaño de la ventana**: Decide un tamaño fijo para la ventana de juego para garantizar que el diseño se mantiene coherente en diferentes tamaños de pantalla. Un tamaño de ventana de 300x300 píxeles es suficiente para acomodar un tablero de juego de 3x3 y dejar espacio para los mensajes de estado y los botones de control.

- **Título**: La ventana debe tener un título descriptivo, como "Juego de Gato", para que los usuarios identifiquen claramente el juego.

Widgets para elementos de juego

Tkinter ofrece una variedad de widgets que podemos utilizar para construir la interfaz de nuestro juego. Cada widget sirve para un propósito específico, desde mostrar texto hasta capturar entradas del usuario. Para nuestro juego Gato, utilizaremos los siguientes widgets:

- **Botones**: El núcleo de nuestro tablero de juego estará representado por una cuadrícula de botones. Cada botón corresponde a una casilla del tablero de Gato. Los jugadores harán sus movimientos pulsando estos botones. Al principio, todos los botones estarán en blanco y, a medida que avance el juego, mostrarán una "X" o una "O", dependiendo de la jugada del jugador.

- **Etiquetas**: Utilizaremos etiquetas para mostrar información importante sobre el estado de la partida. Esto incluye mensajes indicando el turno del jugador (Jugador X o Jugador O), anunciando el ganador, o declarando un empate. Colocar una etiqueta en la parte superior o inferior de la ventana de juego garantiza que los mensajes sean claramente visibles para ambos jugadores.

Planificar el trazado

Los gestores de diseño de Tkinter (pack, grid y place) ofrecen diferentes formas de organizar los widgets. El gestor de diseño grid es la opción más adecuada para nuestro juego Gato porque nos permite colocar los widgets en una estructura similar a una tabla, lo que es perfecto para crear el tablero de juego.

- **Cuadrícula Disposición**: Utiliza el diseño de cuadrícula para organizar los botones en una matriz de 3x3 correspondiente al tablero de Gato. La disposición en cuadrícula facilita la colocación de los botones en filas y columnas específicas y proporciona la estructura visual que requiere nuestro juego.

- **Panel de control**: Debajo del tablero hay un panel de control con los botones "nueva partida" y "salir". Estos botones permitirán a los jugadores iniciar una nueva partida o salir de la aplicación.

- **Visualización del estado**: Asigna una sección de la ventana, ya sea encima del tablero de juego o en el panel de control, para la etiqueta de estado. Esta etiqueta se actualizará dinámicamente para reflejar el estado actual del juego, proporcionando información a los jugadores.

Consideraciones sobre la experiencia del usuario

Al diseñar la interfaz gráfica de Gato , nuestro objetivo es crear un juego fácil de usar y visualmente atractivo que invite a los jugadores al mundo clásico del Gato con un toque moderno. Al organizar cuidadosamente los elementos del juego y tener en cuenta la interacción del jugador, podemos ofrecer una experiencia de juego agradable y fluida.

- **Diseño adaptable**: Asegúrate de que los botones y el texto son lo suficientemente grandes como para poder interactuar con ellos y leerlos fácilmente en distintos dispositivos. Aunque el tamaño de nuestra ventana sea fijo, el diseño debe seguir siendo accesible y fácil de usar.

- **Feedback**: La interfaz debe proporcionar información visual inmediata sobre las acciones del jugador. Por ejemplo, cuando un jugador pulsa un botón para marcar una celda, la "X" o la "O" deben aparecer al instante para indicar el movimiento.

- **Estética**: Aunque la funcionalidad es primordial, añadir sencillos toques de estilo puede mejorar mucho la experiencia de juego. Considera la posibilidad de utilizar colores para diferenciar los movimientos del Jugador X del Jugador O o para resaltar la combinación ganadora.

7.19 Revisión de la aplicación de consola

Antes de pasar de la consola a la interfaz gráfica de usuario , volvamos a nuestro juego de Gato basado en consola del capítulo 4. Esta versión estableció la mecánica fundamental y la IA de nuestro juego, que se integrarán perfectamente en la nueva interfaz gráfica de usuario, resaltando el valor de nuestro código bien estructurado. Notablemente, nuestro enfoque no incluirá *main.py* o *juego_iu.py*. ¿Por qué? Porque están pensados para una aplicación basada en consola.

Exploremos las ventajas de la modularización y la separación de intereses.

Modificación de la interfaz del juego

En primer lugar, vamos a crear la ventana de juego y la cuadrícula para el tablero de Gato. Tkinter hace que esto sea sencillo, lo que nos permite centrarnos en el aspecto del juego.

Creación de la ventana de juego: Crea un nuevo módulo llamado *game_gui.py*.

Empieza importando Tkinter y configurando la ventana principal de tu aplicación. Esta ventana servirá de base para la interfaz gráfica de tu juego .

```
import tkinter as tk

root= tk.Tk()
root.title('Juego de Gato')
```

Configuración de la cuadrícula : El tablero Gato es esencialmente una cuadrícula de 3x3. Utilizaremos botones para representar cada celda de la cuadrícula. Cuando un jugador pulse un botón, marcará una "X" o una "O" en la casilla.

A continuación se muestra cómo crear la rejilla sin utilizar lambda por simplicidad:

```
def crear_boton(fila, col):
    def accion_boton():
        boton_clic(fila, col)
    return tk.Button (root, text= '', width= 10, height= 3, command= accion_boton)

for fila in range(3):
    for col in range(3):
        boton = crear_boton(fila, col)
        boton.grid(row= fila, column= col)
```

En esta configuración, *boton_clic* es una función que definirás para manejar la lógica del juego cuando se hace clic en una celda.

Añadir mensajes de estado: Utiliza el widget Label de Tkinter para mostrar mensajes como de quién es el turno o quién ha ganado la partida. Coloca esta etiqueta en la parte superior o inferior de la ventana.

```
etiqueta_estado= tk.Label (root, text= "Turno del jugador X", font=('Helvetica', 12))
etiqueta_estado.pack(side= "top")
```

7.20 Actualización del archivo principal - Inicialización del bucle Tkinter

En *main.py*, el archivo recién creado para nuestra versión GUI , iniciamos el bucle Tkinter . Este bucle mantiene la aplicación en ejecución, esperando acciones del usuario como pulsaciones de botones.

```
if __name__ == '__main__':
    root.mainloop()
```

Unir la interfaz de usuario y la lógica del juego

El archivo *main.py* juega un papel crucial en nuestra aplicación. Conecta la interfaz visual que acabamos de crear con la mecánica subyacente del juego y la lógica de la IA. Esta integración asegura que cuando un jugador interactúa con la GUI , el juego responde en consecuencia, proporcionando una experiencia de juego completa y funcional.

Asegúrate de que la función *boton_clic* que utilizaste al crear los botones interactúa correctamente con *mecanica_juego.py* para actualizar el estado del juego.

Actualiza el texto *de la etiqueta_estado* para reflejar los cambios en el estado del juego, como los turnos y las victorias.

La importancia de main.py: *main.py* es donde todo se junta. Inicia la GUI , responde a las entradas del usuario y actualiza el estado del juego y la UI en respuesta. Es un testimonio de cómo los diferentes componentes de nuestra aplicación -interfaz de usuario, lógica de juego e IA- pueden trabajar juntos armoniosamente para crear un atractivo juego de Gato.

7.21 Instrucciones paso a paso

1. **Configuración del proyecto**

   Crea un nuevo archivo: Nómbralo *game_gui.py*.

   Importar Tkinter : Añade las importaciones necesarias para Tkinter y otros módulos.

   ```python
   import tkinter as tk
   from tkinter import messagebox

   from mecanica_juego import (
       comprobar_ganador,
       comprobar_empate,
       inicializar_tablero,
       JUGADOR_X,
       JUGADOR_O
   )

   from juego_ia import obtener_movimiento_ai_basado_en_reglas
   import random
   ```

2. **Creación de la ventana principal**

   Inicializar la ventana Tkinter : Configurar la ventana principal del juego.

   ```python
   root = tk.Tk()
   root.title('Juego de Gato')
   ```

3. **Configuración del tablero de juego**

   Crear botones: Cada celda de la cuadrícula juego del Gato es un botón. Define una función para crear botones y colocarlos en un diseño de cuadrícula.

   ```python
   botones = []
   tablero = inicializar_tablero()

   def crear_boton(fila, col):
       boton = tk.Button(root, text='', width=10, height=3,
                       command=lambda: al_clic_del_boton(fila, col))
       boton.grid(row=fila, column=col)
       return boton

   for fila in range(3):
       fila_botones = []
       for col in range(3):
           boton = crear_boton(fila, col)
           fila_botones.append(boton)
   ```

```
          botones.append(fila_botones)
```

4. Gestión de las pulsaciones de botones

Actualizar el estado del juego: Define una función para manejar los clics de los botones, actualizar el estado del juego y comprobar si hay un ganador o un empate.

```python
jugador_actual = JUGADOR_X
jugador_computadora = random.choice([JUGADOR_X, JUGADOR_O])

etiqueta_estado = tk.Label(
    root,
    text=f"Turno del jugador {jugador_actual}",
    font=('Helvetica', 12)
)
etiqueta_estado.grid(row=3, columnspan=3)

def boton_clic(fila, col):
    global jugador_actual
    if tablero[fila * 3 + col] == ' ':
        tablero[fila * 3 + col] = jugador_actual
        botones[fila][col].config(text=jugador_actual)

        if comprobar_ganador(tablero):
            messagebox.showinfo("Fin de partida", f"¡El jugador {jugador_actual} gana!")
            restablecer_tablero()
        elif comprobar_empate(tablero):
            messagebox.showinfo("Game Over", "¡La partida ha terminado en empate!")
            restablecer_tablero()
        else:
            jugador_actual = JUGADOR_O if jugador_actual == JUGADOR_X else JUGADOR_X
            etiqueta_estado.config(text=f"Turno del jugador {jugador_actual}")

            if jugador_actual == jugador_computadora:
                movimiento_ia()
```

5. Aplicación de los movimientos de la IA

Lógica de la IA: Define una función para que la IA haga un movimiento.

```python
def movimiento_ia():
    global jugador_actual
    movimiento= obtener_movimiento_ai_basado_en_reglas(jugador_computadora, tablero)
    tablero[movimiento_ia]= jugador_computadora
    fila, col= divmod(movimiento, 3)
    botones[fila][col].config(text= jugador_computadora)

    if comprobar_ganador(tablero):
        messagebox.showinfo("Game Over", f"¡El jugador {jugador_computadora} gana!")
        restablecer_tablero()
    elif comprobar_empate(tablero):
        messagebox.showinfo("Game Over", "¡La partida ha terminado en empate!")
        restablecer_tablero()
    else:
        actual_jugador= JUGADOR_O if actual_jugador== JUGADOR_X else JUGADOR_X
```

```
etiqueta_estado.config(text= f"Turno del jugador {jugador_actual}")
```

6. **Reiniciar el juego**

Reiniciar tablero: Define una función para reiniciar el tablero de juego.

```
def restablecer_tablero():
    global tablero, jugador_actual
    tablero= inicializar_tablero()
    jugador_actual = JUGADOR_X
    for fila in range(3):
        for col in range(3):
            botones[fila][col].config(text= '')
    etiqueta_estado.config(text= f"Turno del jugador {jugador_actual}")
```

7. **Ejecutar el juego**

Inicia el bucle principal de Tkinter : Asegúrate de que el bucle principal se inicia para ejecutar la aplicación GUI .

```
if __name__ == "__main__":
    root.mainloop()
```

Capítulo 8: Explorando el futuro: Hacia dónde ir a partir de ahora

E¡nhorabuena por haber llegado al final de nuestro viaje juntos en Python! Bueno, es más bien un hito. Uno significativo también.

A estas alturas, ya has sentado unas bases sólidas en la programación con Python, y estás equipado con las habilidades necesarias para abordar una gran variedad de proyectos. Pero, ¿adónde quieres llegar? La respuesta es a donde quieras. Python es un lenguaje muy versátil utilizado en campos tan diversos como el desarrollo web, la ciencia de datos, el aprendizaje automático, la automatización e incluso el desarrollo de juegos. Las oportunidades son infinitas, y tus conocimientos de Python son la clave para abrirlas.

El objetivo de este libro ha sido sentar unas bases sólidas para ti en el mundo de la programación informática, y de Python en particular. Esta base es solo el principio.

Palabras de sabiduría: Recuerda el consejo del principio de este libro: todo lo que aprendemos se construye poco a poco, precepto sobre precepto, concepto sobre concepto. Este enfoque es esencial para desarrollar habilidades y confianza inquebrantables. Todo el mundo debe aprender así. Existe una gran cantidad de conocimientos que puedes adquirir. Sé paciente contigo mismo y con los demás mientras creces para adquirirlo. Todo conocimiento, grande o pequeño, se adquiere línea a línea, precepto a precepto, concepto a concepto. Un poco aquí, un poco allá. Hasta que hayas adquirido gran parte. Pero aún no has arañado la superficie. Así que no te comas la cabeza y vuelve al trabajo.

En este capítulo final, exploraremos algunas de las áreas más apasionantes e impactantes en las que se utiliza Python hoy en día. También proporcionaremos enlaces y referencias a bibliotecas y recursos esenciales para ayudarte a continuar tu viaje de aprendizaje. Si estás buscando construir una carrera, comenzar un proyecto de hobby, o simplemente aprender más sobre lo que Python puede hacer, este capítulo te guiará en tus próximos pasos.

8.1 Campos en los que se utiliza Python

La versatilidad y facilidad de uso de Python lo han convertido en un lenguaje de referencia en muchos campos. Mientras continúas tu viaje, considera explorar estas áreas en las que Python desempeña un papel fundamental. Cada campo ofrece oportunidades y retos únicos, que te permitirán aplicar tus conocimientos de Python de diversas formas interesantes e impactantes.

8.2 Desarrollo web

Python puede utilizarse para crear aplicaciones web del lado del servidor. Con frameworks como Django y Flask , Python facilita el diseño y mantenimiento de aplicaciones web seguras, escalables y mantenibles.

- **Django** : Un framework web de alto nivel que fomenta el desarrollo rápido y el diseño limpio y pragmático. Incluye muchas funciones integradas, como la autenticación, una interfaz de administración y un ORM (Object-Relational Mapping) para las interacciones con bases de datos

  Documentación de Django
  https://docs.djangoproject.com/

- **Flask** : Un micro-framework que proporciona lo esencial para empezar con el desarrollo web sin imponer ninguna restricción sobre cómo debes estructurar tu aplicación. Es ligero y flexible, lo que lo hace ideal para proyectos más pequeños o para desarrolladores que desean un mayor control sobre los componentes de su aplicación.

  Proyecto Flask
  https://flask.palletsprojects.com/

8.3 Ciencia de datos

Los científicos de datos utilizan Python para el análisis de datos, la visualización y el aprendizaje automático. Bibliotecas como Pandas, NumPy y Matplotlib simplifican la manipulación y visualización de datos, mientras que Scikit-learn y TensorFlow proporcionan herramientas para el aprendizaje automático.

- **Pandas**: Una potente librería para la manipulación y análisis de datos. Proporciona estructuras de datos como DataFrames, que permiten trabajar con datos estructurados de forma fácil y eficiente.

  Documentación sobre Pandas
  https://pandas.pydata.org/pandas-docs/stable/

- **NumPy**: El paquete fundamental para la computación numérica en Python. Ofrece soporte para matrices, arrays y muchas funciones matemáticas para operar con estas estructuras de datos.

  Documentación de NumPy
  https://numpy.org/doc/

- **Scikit-learn**: Una biblioteca para el aprendizaje automático que proporciona herramientas sencillas y eficientes para la minería y el análisis de datos. Se basa en NumPy, SciPy y Matplotlib.

  Documentación de Scikit-learn
  https://scikit-learn.org/stable/

- **TensorFlow**: plataforma integral de código abierto para el aprendizaje automático. Cuenta con un amplio ecosistema de herramientas, bibliotecas y recursos comunitarios.

  Documentación de TensorFlow
  https://www.tensorflow.org/

8.4 Inteligencia artificial (IA)

Python es un lenguaje primordial para la IA debido a su sencillez y a la amplia gama de bibliotecas y marcos de IA disponibles, como Keras y PyTorch, que facilitan el desarrollo de redes neuronales y otros modelos de IA.

- **Keras**: Una API de redes neuronales de alto nivel , escrita en Python y capaz de ejecutarse sobre TensorFlow, CNTK o Theano. Permite crear prototipos de forma fácil y rápida.

Documentación de Keras
https://keras.io/

- **PyTorch**: Una biblioteca de aprendizaje automático de código abierto basada en la biblioteca Torch. Proporciona una interfaz flexible y dinámica para construir redes neuronales.

Documentación de PyTorch
https://pytorch.org

8.5 Informática científica

Python se utiliza ampliamente en la investigación científica por su capacidad para manejar y procesar grandes conjuntos de datos, realizar cálculos complejos y simular sistemas. SciPy y NumPy son dos bibliotecas clave en este campo.

- **SciPy**: Una biblioteca de Python utilizada para la informática científica y técnica. Se basa en NumPy y proporciona un gran número de funciones que operan con matrices NumPy.

Documentación de SciPy
https://docs.scipy.org/doc/scipy/reference/

8.6 Automatización y scripting

La sencillez de Python lo convierte en una opción popular para escribir scripts que automaticen tareas y procesos repetitivos en los ordenadores sin necesidad de desarrollar programas completos.

- **Selenium**: Una herramienta para automatizar navegadores web. Puedes utilizarla para realizar pruebas automatizadas de aplicaciones web o para raspar datos de sitios web.

Documentación de Selenium
https://www.selenium.dev/documentation

- **BeautifulSoup** : Una biblioteca para analizar documentos HTML y XML. Proporciona modismos pythónicos para iterar, buscar y modificar el árbol de análisis sintáctico, lo que facilita la extracción de información de páginas web.

Documentación de BeautifulSoup
https://www.crummy.com/software/BeautifulSoup/bs4/doc/

8.7 Desarrollo de software

Python se utiliza a menudo para desarrollar aplicaciones de escritorio y de línea de comandos. Se valora su rapidez de desarrollo y su compatibilidad multiplataforma con herramientas como PyQt y Tkinter .

- **PyQt** es un conjunto de enlaces de Python para bibliotecas Qt que pueden utilizarse para crear aplicaciones multiplataforma con un aspecto nativo.

  Documentación de PyQt
  https://www.riverbankcomputing.com/software/pyqt/intro

- **Tkinter** : La librería GUI estándar para Python. Python cuando se combina con Tkinter proporciona una manera rápida y fácil de crear aplicaciones GUI.

  Documentación de Tkinter
  https://docs.python.org/3/library/tkinter.html

8.8 Desarrollo de juegos

La biblioteca Pygame de Python es un conjunto de módulos de Python diseñados para escribir videojuegos. Incluye bibliotecas de gráficos y sonido, lo que la hace idónea para la creación de prototipos y el desarrollo de juegos.

- **Pygame**: Conjunto de módulos de Python diseñados para escribir videojuegos. Incluye librerías de gráficos por ordenador y sonido.

  Documentación de Pygame
  https://www.pygame.org/docs/

8.9 Programación en red

Python proporciona bibliotecas como socket, que se utiliza en la programación de redes para tareas como la escritura de servidores y aplicaciones cliente, sniffing de red y análisis de protocolos.

- **socket**: Una interfaz de red de bajo nivel en Python que proporciona acceso a la interfaz de socket BSD. Permite crear conexiones de red y transferir datos entre servidores y clientes.

  Documentación sobre zócalos
  https://docs.python.org/3/library/socket.html

8.10 Finanzas

Python se utiliza ampliamente en las finanzas cuantitativas para analizar los mercados financieros, realizar pruebas retrospectivas de estrategias de negociación, calcular el riesgo financiero y crear sistemas de negociación algorítmica con bibliotecas como QuantLib y Pyalgotrade.

- **QuantLib**: Una biblioteca para finanzas cuantitativas que proporciona herramientas para valorar derivados, gestionar carteras, etc.

  Documentación de QuantLib
  https://www.quantlib.org/

- **Pyalgotrade**: Una biblioteca Python para backtesting de estrategias de trading.

  Documentación de Pyalgotrade
  https://github.com/gbeced/pyalgotrade

8.11 Resumen del capítulo

Como puedes ver, la versatilidad de Python no tiene límites. Su sencillez y legibilidad lo han convertido en la elección preferida de principiantes y desarrolladores experimentados. La amplia gama de aplicaciones de Python indica que cada área que toca ofrece suficiente profundidad para libros enteros solo sobre ese tema. Este libro está diseñado para proporcionarle un comienzo sólido con Python, equipándole con los conceptos básicos. A medida que te sientas más cómodo con el lenguaje, descubrirás que puedes profundizar en cualquier área específica que te interese. Piensa en esto como el primer paso de tu viaje: tendrás muchas oportunidades de especializarte y explorar temas en detalle a medida que adquieras más experiencia y confianza.

Comparta su pasión por Python

Ahora que has completado este viaje por Python, estás en la posición perfecta para compartir tus pensamientos con los demás. Dejando una breve reseña, puedes ayudar a más personas a descubrir Python y desbloquear sus propias posibilidades.

Tu sincera opinión no solo ayudará a los nuevos lectores a iniciar su propio viaje en Python, sino que también me ayudará a crear guías aún más útiles para los aspirantes a programadores.

LEAVE A REVIEW!

Gracias por dedicar su tiempo a compartir sus comentarios, ¡significa mucho para mí!

Escanee el siguiente código QR...

Amazon
Guía Absoluta para Principiantes: Programación en Python
https://www.amazon.com/review/create-review/?asin=1964520029

Capítulo 3 Soluciones

Ejercicio 1: Lista Manipulación

```python
# Crea una lista de tus películas favoritas
peliculas_favoritas = ["Amores Perros", "Roma", "Y Tu Mamá También"]

# Añadir dos películas más
peliculas_favoritas.append("El Infierno")
peliculas_favoritas.append("Nosotros los Nobles")

# Eliminar una película
peliculas_favoritas.remove("Roma")

# Imprimir la lista actualizada
print(peliculas_favoritas)
# Salida: ['Amores Perros', 'Y Tu Mamá También', 'El Infierno', 'Nosotros los Nobles']
```

Ejercicio 2: Acceso a matrices 2D

```python
# Crear una matriz 3x3
matriz = [
    [1, 2, 3],
    [4, 5, 6],
    [7, 8, 9]
]

# Imprimir cada elemento utilizando bucles anidados
for fila in matriz:
    for elemento in fila:
        print(elemento)
```

Ejercicio 3: Diccionario Operaciones

```python
# Crear un diccionario con información sobre un libro
book_info = {
    "título": "Pedro Páramo",
    "autor": "Juan Rulfo",
    "anio": 1955
}

# Añade una clave para el género y actualiza el año
book_info["genre"] = "Realismo mágico"
book_info["anio"] = 1953

# Imprimir todas las claves y valores
for clave, valor in book_info.items():
    print(f"{clave}: {valor}")
```

Ejercicio 4: Conjunto de operaciones

```
# Crear un conjunto de palabras únicas a partir de una frase dada
frase = "el zorro marrón rápido salta sobre el perro perezoso"
palabras = frase.split()
palabras_unicas = set(palabras)

# Imprimir el conjunto de palabras únicas
print(palabras_unicas)
```

Ejercicio 5: Bucle For Práctica

```
# Escribe un bucle for para imprimir los 10 primeros números de la secuencia de Fibonacci
a, b = 0, 1
for _ in range(10):
    print(a)
    a, b = b, a + b
```

Ejercicio 6: Bucle While Práctica

```
# Escribe un bucle while para invertir una cadena
cadena_original = "hola"
cadena_invertida = ""
indice = len(cadena_original) - 1

while indice >= 0:
    cadena_invertida += cadena_original[indice]
    indice -= 1

print(cadena_invertida)  # Salida: 'aloh'
```

Ejercicio 7: Tipo de datos combinados s

```
# Crear una lista de diccionarios, cada uno representando un estudiante con nombre y grado
estudiantes = [
    {"nombre": "María", "grado": 90},
    {"nombre": "Luis", "grado": 85},
    {"nombre": "Carlos", "grado": 95}
]

# Imprime el nombre y la nota de cada alumno mediante un bucle
for alumno in estudiantes:
    print(f"Nombre: {alumno['nombre']}, Calificación: {alumno['grado']}")
```

Capítulo 4 Soluciones

Ejercicio 1: Función básica Creación

```
def suma_numeros(numeros):
    return sum(numeros)
```

Ejercicio 2: Alcance y vida útil

```python
total = 0

def modificar_global():
    global total
    total += 10

def usar_local():
    total = 5
    print("Total local:", total)
```

Ejercicio 3: Uso de módulos estándar

```python
import math

def area_circulo(radio):
    return math.pi * (radio ** 2)
```

Ejercicio 4: Creación e importación de módulos personalizados

```python
# mimodulo.py
def es_primo(n):
    if n <= 1:
        return False
    for i in range(2, int(n ** 0.5) + 1):
        if n % i == 0:
            return False
    return True

# main.py
from mimodulo import es_primo

print(es_primo(11))  # Verdadero
```

Ejercicio 5: Trabajar con paquetes

```
mypaquete/
├── __init__.py
├── modulo1.py
└── modulo2.py

# --- modulo1.py ---
def saludar(nombre):
    return f"¡Hola, {nombre}!"

# --- modulo2.py ---
def despedir(nombre):
    return f"¡Adiós, {nombre}!"
```

```
# --- main.py ---
from mypaquete.modulo1 import saludar
from mypaquete.modulo2 import despedir

print(saludar("María"))      # ¡Hola, María!
print(despedir("María"))     # ¡Adiós, María!
```

Ejercicio 6: Función lambda s

```
datos = [(1, 'b'), (3, 'a'), (2, 'c')]
datos_ordenados = sorted(datos, key=lambda x: x[1])
print(datos_ordenados)   # [(3, 'a'), (1, 'b'), (2, 'c')]
```

Capítulo 5 Soluciones

Ejercicio 1: Leer desde un archivo de texto

```
def leer_archivo(ruta_archivo):
    try:
        with open(ruta_archivo, 'r') as archivo:
            contenido = archivo.read()
            print(contenido)
    except FileNotFoundError:
        print("No se ha encontrado el archivo.")
    except PermissionError:
        print("No tiene permiso para leer este archivo.")
    except Exception as e:
        print(f"Se ha producido un error inesperado: {e}")

leer_archivo('diario.txt')
```

Ejercicio 2: Escribir en un archivo de texto

```
def escribir_en_archivo(ruta_archivo, contenido):
    try:
        with open(ruta_archivo, 'w') as archivo:
            archivo.write(contenido)
    except Exception as e:
        print(f"Se ha producido un error: {e}")

escribir_en_archivo('diario.txt', '2024-05-25: Aprendí sobre el manejo de archivos en Python.\n')
```

Ejercicio 3: Añadir contenido a un archivo de texto

```
def agregar_a_archivo(ruta_archivo, contenido):
    try:
        with open(ruta_archivo, 'a') as archivo:
            archivo.write(contenido)
    except Exception as e:
        print(f"Se ha producido un error: {e}")

agregar_a_archivo('diario.txt', '2024-05-26: Practiqué escritura y lectura de archivos.\n')
```

Ejercicio 4: Leer desde un archivo JSON

```python
import json

def leer_json(ruta_archivo):
    try:
        with open(ruta_archivo, 'r') as archivo:
            datos = json.load(archivo)
            print(datos)
    except FileNotFoundError:
        print("No se ha encontrado el archivo.")
    except json.JSONDecodeError:
        print("Error al decodificar el JSON.")
    except Exception as e:
        print(f"Se ha producido un error inesperado: {e}")

leer_json('gastos.json')
```

Ejercicio 5: Escribir en un archivo JSON

```python
gastos = [
    {"fecha": "2024-05-25", "monto": 50.75, "categoría": "Supermercado", "descripción": "Compras semanales"},
    {"fecha": "2024-05-26", "monto": 120.00, "categoría": "Servicios", "descripción": "Recibo de luz"}
]

def escribir_json(ruta_archivo, datos):
    try:
        with open(ruta_archivo, 'w') as archivo:
            json.dump(datos, archivo, indent=4)
    except Exception as e:
        print(f"Se ha producido un error: {e}")

escribir_json('gastos.json', gastos)
```

Ejercicio 6: Agregar un nuevo gasto a un archivo JSON

```python
def agregar_gasto(ruta_archivo, nuevo_gasto):
    try:
        with open(ruta_archivo, 'r') as archivo:
            gastos = json.load(archivo)
    except FileNotFoundError:
        gastos = []
    except json.JSONDecodeError:
        print("Error al decodificar el JSON.")
        gastos = []
    except Exception as e:
        print(f"Se ha producido un error inesperado: {e}")
        return

    gastos.append(nuevo_gasto)

    try:
        with open(ruta_archivo, 'w') as archivo:
```

```
            json.dump(gastos, archivo, indent=4)
    except Exception as e:
        print(f"Se ha producido un error: {e}")

nuevo_gasto = {
    "fecha": "2024-05-27",
    "monto": 75.20,
    "categoría": "Entretenimiento",
    "descripción": "Boletos para un concierto"
}

agregar_gasto('gastos.json', nuevo_gasto)
```

Capítulo 6 Soluciones

Ejercicio 1: Definir y utilizar una clase

```python
class Libro:
    def __init__(self, titulo, autor, anio):
        self.titulo = titulo
        self.autor = autor
        self.anio = anio

    def mostrar_detalles(self):
        print(f"Título: {self.titulo}, Autor: {self.autor}, Año: {self.anio}")

# Crear instancias
libro1 = Libro("1984", "George Orwell", 1949)
libro2 = Libro("Matar a un ruiseñor", "Harper Lee", 1960)

# Mostrar detalles
libro1.mostrar_detalles()
libro2.mostrar_detalles()
```

Ejercicio 2: Utilizar la composición

```python
class Biblioteca:
    def __init__(self):
        self.libros = []

    def anadir_libro(self, libro):
        self.libros.append(libro)

    def mostrar_libros(self):
        for libro in self.libros:
            libro.mostrar_detalles()

# Creación de instancias de Libro
libro1 = Libro("1984", "George Orwell", 1949)
libro2 = Libro("Matar a un ruiseñor", "Harper Lee", 1960)

# Crear una instancia de Biblioteca y añadir libros
mi_biblioteca = Biblioteca()
mi_biblioteca.anadir_libro(libro1)
mi_biblioteca.anadir_libro(libro2)
```

```
# Mostrar todos los libros de la biblioteca
mi_biblioteca.mostrar_libros()
```

Ejercicio 3: Implementar la herencia

```
class EBook(Libro):
    def __init__(self, titulo, autor, anio, tamano_archivo):
        super().__init__(titulo, autor, anio)
        self.tamano_archivo = tamano_archivo

    def mostrar_detalles(self):
        print(f"Título: {self.titulo}, Autor: {self.autor}, Año: {self.anio}, Tamaño del archivo:
{self.tamano_archivo}MB")

# Crear instancias de EBook
ebook1 = EBook("1984", "George Orwell", 1949, 2)
ebook2 = EBook("Matar a un ruiseñor", "Harper Lee", 1960, 1.5)

# Mostrar detalles
ebook1.mostrar_detalles()
ebook2.mostrar_detalles()
```

Ejercicio 4: Demostración del polimorfismo

```
def mostrar_detalles_del_libro(libro):
    libro.mostrar_detalles()

# Crear instancias de Libro y EBook
libro1 = Libro("1984", "George Orwell", 1949)
ebook1 = EBook("1984", "George Orwell", 1949, 2)

# Demostrando polimorfismo
mostrar_detalles_del_libro(libro1)
mostrar_detalles_del_libro(ebook1)
```

Ejercicio 5: Utilizar la abstracción

```
from abc import ABC, abstractmethod
import math

class Forma(ABC):
    @abstractmethod
    def calcular_area(self):
        pass

    @abstractmethod
    def calcular_perimetro(self):
        pass

class Circulo(Forma):
    def __init__(self, radio):
        self.radio = radio

    def calcular_area(self):
```

```
            return math.pi * self.radio ** 2

    def calcular_perimetro(self):
        return 2 * math.pi * self.radio

class Rectangulo(Forma):
    def __init__(self, longitud, anchura):
        self.longitud = longitud
        self.anchura = anchura

    def calcular_area(self):
        return self.longitud * self.anchura

    def calcular_perimetro(self):
        return 2 * (self.longitud + self.anchura)

# Crear instancias y llamar a métodos
circulo = Circulo(5)
rectangulo = Rectangulo(4, 7)

print(f"Área del círculo: {circulo.calcular_area():.2f}, Perímetro:
{circulo.calcular_perimetro():.2f}")
print(f"Área del rectángulo: {rectangulo.calcular_area()}, Perímetro:
{rectangulo.calcular_perimetro()}")
```

Capítulo 7 Soluciones

Ejercicio 1: Crear una calculadora sencilla

```
import tkinter as tk

def evaluar_expresion(expresion):
    try:
        resultado = eval(expresion)
        return resultado
    except Exception as e:
        return "Error"

def al_clic_del_boton(char):
    if char == "=":
        resultado = evaluar_expresion(entrada.get())
        entrada.delete(0, tk.END)
        entrada.insert(tk.END, str(resultado))
    elif char == "C":
        entrada.delete(0, tk.END)
    else:
        entrada.insert(tk.END, char)

root = tk.Tk()
root.title("Calculadora simple")

entrada = tk.Entry(root, width=16, font=('Arial', 24), borderwidth=2, relief="solid")
entrada.grid(row=0, column=0, columnspan=4)

botones = [
    '7', '8', '9', '/',
    '4', '5', '6', '*',
```

```
        '1', '2', '3', '-',
        '0', 'C', '=', '+'
]

row_val = 1
col_val = 0

for boton in botones:
    action = lambda x=boton: al_clic_del_boton(x)
    tk.Button(root, text=boton, width=10, height=2, command=action).grid(row=row_val,
column=col_val)
    col_val += 1
    if col_val > 3:
        col_val = 0
        row_val += 1

root.mainloop()
```

Ejercicio 2: Lista de tareas Aplicación

```python
import tkinter as tk
from tkinter import messagebox

def anadir_tarea():
    tarea = entrada.get()
    if tarea != "":
        tasks_listbox.insert(tk.END, tarea)
        entrada.delete(0, tk.END)
    else:
        messagebox.showwarning("Advertencia", "Debe introducir una tarea.")

def eliminar_tarea():
    try:
        task_index = tasks_listbox.curselection()[0]
        tasks_listbox.delete(task_index)
    except:
        messagebox.showwarning("Advertencia", "Debe seleccionar una tarea para eliminarla.")

root = tk.Tk()
root.title("Lista de tareas")

marco = tk.Frame(root)
marco.pack(pady=10)

tasks_listbox = tk.Listbox(marco, width=50, height=10, bd=0)
tasks_listbox.pack(side=tk.LEFT, fill=tk.BOTH)

scrollbar = tk.Scrollbar(marco)
scrollbar.pack(side=tk.RIGHT, fill=tk.BOTH)

tasks_listbox.config(yscrollcommand=scrollbar.set)
scrollbar.config(command=tasks_listbox.yview)

entrada = tk.Entry(root, width=50)
entrada.pack(pady=10)

add_button = tk.Button(root, text="Añadir tarea", command=anadir_tarea)
add_button.pack(pady=5)

delete_button = tk.Button(root, text="Borrar tarea", command=eliminar_tarea)
delete_button.pack(pady=5)
```

```
root.mainloop()
```

APÉNDICE B: MANUAL DE GITHUB PARA DESCARGAR EL CÓDIGO FUENTE

GitHub es una plataforma web utilizada para el control de versiones y la colaboración. Permite que varias personas trabajen en proyectos al mismo tiempo. Mientras que GitHub alberga una amplia gama de proyectos y soporta numerosas características avanzadas, este manual se centra en cómo se puede descargar el código fuente de un repositorio (repo) sin necesidad de una cuenta de GitHub. Un repositorio es como la carpeta de un proyecto que contiene todos sus archivos, incluida la documentación, y almacena el historial de revisiones de cada archivo.

Acceso y descarga de código desde GitHub

Paso 1: Encontrar el repositorio

- A lo largo de este libro, encontrarás enlaces o códigos QR que te dirigirán a repositorios específicos de GitHub. Haz clic en el enlace o escanea el código QR con tu smartphone para navegar a la página de GitHub donde está alojado el código fuente.

Paso 2: Navegar por el repositorio

- Una vez en la página del repositorio, verás una lista de archivos y carpetas asociados al proyecto. También puede ver una descripción e información adicional, como actualizaciones recientes, encima de la lista de archivos.

Paso 3: Descargar el código fuente

- Para descargar todo el repositorio:
    - Busca el botón verde **Código** en la parte superior de la página. Haz clic en él para abrir un menú desplegable.
    - En el menú desplegable, busca y haz clic en la opción **Descargar ZIP**. Esta acción descargará el repositorio como un archivo ZIP en tu computadora.
    - Localiza el archivo ZIP en tu carpeta de descargas (o donde hayas configurado tu navegador para que guarde las descargas) y extráelo utilizando la utilidad de extracción de archivos de tu sistema operativo. Tras la extracción, tendrás acceso a todos los archivos contenidos en el repositorio.

Consejos para utilizar el código descargado

- **Explorar el repositorio**: Una vez que hayas extraído los archivos, tómate un tiempo para explorar la estructura de carpetas. Los repositorios suelen incluir un archivo README.md, que contiene información importante sobre el proyecto, incluyendo cómo configurarlo y utilizarlo.

- **Requisitos**: Algunos proyectos pueden requerir una configuración adicional, como la instalación de dependencias. Esta información suele encontrarse en el archivo README.md o en un archivo INSTALLATION.md independiente.

- **En busca de ayuda**: Si te encuentras con algún problema, consulta la pestaña ISSUES del repositorio para encontrar soluciones o hacer preguntas. Aunque necesitarás una cuenta de GitHub para publicar problemas, puedes consultar los problemas existentes sin necesidad de tener una cuenta.

No se necesita cuenta de GitHub

Como se ha señalado, la descarga de archivos desde GitHub no requiere una cuenta de GitHub. Esto facilita que cualquiera pueda acceder al código fuente de los proyectos y utilizarlo, incluso sin formar parte de la comunidad de GitHub.

Te animamos a explorar los repositorios enlazados a lo largo de este libro. Cada repositorio ofrece una oportunidad única para aprender de ejemplos de código del mundo real y aplicar lo aprendido en un contexto práctico.

Apéndice C: Código autodocumentado

En el camino hacia el dominio de Python, te encontrarás con un poderoso concepto que eleva la claridad y mantenibilidad de tu código: el código autodocumentado. Este enfoque consiste en crear tu código de tal manera que cualquiera que lo lea pueda entender fácilmente su propósito y funcionamiento sin necesidad de extensos comentarios externos o documentación.

La esencia de un código autodocumentado reside en la elección de nombres significativos para las variables y las funciones, la estructura del código y la simplicidad de su lógica. Si sigues unas convenciones de nomenclatura claras y organizas tu código de forma lógica, harás que sea intuitivo para los demás (y para ti mismo en el futuro) entender qué hace el código, por qué lo hace y cómo lo hace.

Características clave de Autodocumentar el código

1. **Nombres descriptivos**: Elige nombres de variables, funciones y clases que reflejen su finalidad y el tipo de datos que manejan. Por ejemplo, `calcular_ingreso_total` es más informativo que simplemente `calcular`.
2. **Simplicidad**: Mantén el código simple y directo. La lógica compleja es más difícil de entender y mantener, incluso con buenas convenciones de nomenclatura.
3. **Coherencia**: Utiliza convenciones de nomenclatura y estilos de codificación coherentes en todo el proyecto. Esto ayudará a los lectores a familiarizarse rápidamente con los patrones de tu código.
4. **Comentarios mínimos**: Aunque los comentarios son esenciales para explicar el "por qué" de ciertas decisiones, el exceso de comentarios puede saturar el código. Un código bien escrito minimiza la necesidad de comentarios al ser claro y conciso en sus acciones.
5. **Ámbito** de **funciones y variables**: Las funciones deben centrarse en una única tarea y las variables deben tener un alcance lo más limitado posible. Esta claridad de responsabilidades ayuda a comprender la funcionalidad del código.
6. **Formato del código**: Para el formato del código, sigue la guía de estilo de Python (PEP 8). El código bien formateado es más fácil de leer y entender.
7. **Evita los números mágicos**: Sustituya los números por constantes con nombre que expliquen su significado. Por ejemplo, utiliza `MAX_RETRY_LIMIT = 5` en lugar de un solitario número 5, que deja a los lectores adivinando su significado.

Ventajas de Autodocumentar el código

- **Mejora de la legibilidad**: Hace que el código sea más legible y comprensible sin depender de documentación externa.
- **Facilidad de mantenimiento**: Simplifica la depuración y modificación del código, ya que su finalidad y mecanismo están claros.

- **Mejor colaboración**: Facilita una colaboración más fluida entre los miembros del equipo, ya que todos comprenden fácilmente la intención del código.

Autodocumentar el código no consiste en eliminar los comentarios o la documentación, sino en reducir la dependencia de ellos escribiendo un código lo más claro y comprensible posible. Es una práctica que, cuando se domina, mejora significativamente la calidad y la longevidad de tus proyectos de software.

Apéndice D: Elegir el IDE adecuado

En el mundo de Python, hay excelentes opciones de IDE a tener en cuenta, y muchas de ellas se adaptan a una amplia gama de conocimientos, desde principiantes hasta desarrolladores experimentados. La encuesta 2023 de Stack Overflow ofrece información sobre la popularidad de los IDEs y la satisfacción de los usuarios, guiando nuestra lista de 8 IDEs populares de Python. Cada IDE es único, con características específicas, beneficios y tipos de proyectos adecuados, asegurando que hay un entorno ideal para las necesidades de cada programador.

Desbordamiento de pila
Entorno de desarrollo integrado
https://survey.stackoverflow.co/2023/#section-most-popular-technologies-integrated-development-environment

Proporcionamos una forma cómoda de explorar más a fondo estos IDEs a través de URLs de anclaje y códigos QR para cada uno, adaptándose tanto a lectores digitales como impresos. Al evaluar estas opciones, considera las características del IDE en relación con su estilo de codificación, los requisitos del proyecto, y el valor de su comunidad y apoyo. El objetivo es encontrar un IDE que mejore tu eficiencia y disfrute de la programación en Python, haciendo que tu viaje por la programación sea lo más intuitivo y productivo posible.

He aquí una breve lista de los IDEs más populares:

Código de Visual Studio (VS Code)

Visual Studio Code es una de las opciones más populares entre los desarrolladores. Es famoso por su interfaz fácil de usar, su amplia biblioteca de extensiones y sus sólidas funciones de depuración. Además, es completamente gratuito, lo que lo convierte en una opción ideal tanto para principiantes como para profesionales. VS Code es un IDE genérico. Como resultado, necesita una configuración adicional para trabajar con Python.

Microsoft
Descarga de Visual Studio Code
https://code.visualstudio.com/download

PyCharm

PyCharm es un IDE potente y ampliamente utilizado diseñado específicamente para Python. Ofrece características como análisis de código, completado inteligente de código y una variedad de herramientas para desarrollo web, computación científica y ciencia de datos. Si te gustan otros IDEs de JetBrains, como IntelliJ (Java), esta es una excelente opción. PyCharm fue escrito específicamente para Python. Como resultado, no requiere mucha más configuración para empezar a usarlo. Existen dos versiones: Community Edition (que es gratuita) y Pro Edition (no tanto). Echa un vistazo a este sitio web para comparar las ediciones y descargarlas:

JetBrains
Explicación de las ediciones Community y Professional de PyCharm
https://blog.jetbrains.com/pycharm/2017/09/pycharm-community-edition-and-professional-edition-explained-licenses-and-more/

Cuaderno Jupyter

Jupyter Notebook es un entorno informático interactivo excelente para el análisis de datos y la informática científica. Permite escribir y ejecutar código Python en un formato de documento, lo que lo hace ideal para la experimentación y la documentación. Jupyter Notebook es compatible con más de 40 lenguajes. Requiere configuración adicional para trabajar con Python.

Red Jupyter
https://jupyter.org/

Spyder

Spyder es un IDE diseñado para el desarrollo científico y basado en datos de Python. Ofrece una interfaz similar a MATLAB con funciones como la exploración de variables, la visualización de datos y la compatibilidad integrada con Python.

Spyder
Entorno de desarrollo científico en Python
https://www.spyder-ide.org/

Thonny

Thonny es un IDE para principiantes diseñado para simplificar la programación en Python. Tiene una interfaz sencilla e incluye funciones como completado de código, depurador y un gestor de paquetes integrado.

Thonny
IDE de Python para
principiantes
https://thonny.org/

IDLE (IDE incorporado de Python)

Python viene con su propio IDE básico llamado IDLE. Es una opción sencilla y ligera para que los principiantes se inicien rápidamente. Aunque carece de algunas características avanzadas, es una buena opción para el scripting básico en Python. Ya que IDLE viene con Python y bueno... estarás instalando Python en la siguiente sección, aquí hay un enlace a su documentación:

Python.org
IDLE es el Entorno Integrado de Desarrollo y Aprendizaje de
Python
https://docs.python.org/3/library/idle.html

PyDev (para Eclipse)

Si ya estás utilizando el IDE de Eclipse, puedes añadir el plugin PyDev para permitir el desarrollo de Python dentro de Eclipse. Ofrece funciones como análisis de código, depuración y una consola Python integrada

PyDev
Complemento de Eclipse
https://www.pydev.org/download.html

Navegador Anaconda

Anaconda Navigator es una plataforma que incluye diversas herramientas de ciencia de datos y aprendizaje automático. Ofrece una interfaz fácil de usar para gestionar paquetes y entornos de Python e incluye el IDE Jupyter Notebook

Anaconda Distribución
Descarga gratuita
https://www.anaconda.com/download/

En lo que respecta a este libro, la elección de un entorno de desarrollo integrado (IDE) depende enteramente de ti, y se adapta a tus necesidades como estudiante y desarrollador.

Entendemos que el viaje de cada programador es único, con diversas preferencias, requisitos del proyecto y estilos de aprendizaje. Por lo tanto, te animamos a seleccionar un IDE que se alinee con sus objetivos personales, mejore su experiencia de codificación y apoye su crecimiento en la programación en Python. Ya sea que priorice un rico conjunto de características, una interfaz de usuario intuitiva o un sólido soporte de la comunidad , el factor más importante es encontrar un entorno en el que se sienta cómodo y capacitado para explorar las vastas posibilidades de Python.

APÉNDICE E: PALABRAS CLAVE DE PYTHON

Este apéndice está diseñado para ayudarte a comprender las palabras clave más comunes de Python y su equivalente o explicación en español. Aunque Python se programa en inglés, no necesitas dominar el idioma para convertirte en un excelente programador. Aquí encontrarás definiciones breves y claras para que puedas concentrarte en aprender a programar—sin tener que consultar un diccionario cada dos líneas de código.

Palabra clave	Significado en español	Explicación	Ejemplo
and	y	Devuelve True si ambas condiciones son verdaderas. *Lógica booleana.*	`if x > 1 and y < 5:` `    print('OK')`
as	como	Asigna un alias al importar módulos o manejar excepciones. *Módulos.*	`import math as m`
assert	afirmar	Interrumpe el programa si una condición no se cumple. *Manejo de errores.*	`assert x > 0, "x inválido"`

break	terminar	Termina un bucle antes de completarse. *Control de flujo.*	`for i in range(10):`
			`    if i == 5:`
			`        break`

case	caso	Define un patrón dentro de una estructura match. Cada case se evalúa hasta que uno coincide. *Control de flujo.*	`match estado:`
			`    case "on":`
			`        print("Sí")`
			`    case "off":`
			`        print("No")`

class	clase	Define una nueva clase (estructura de datos personalizada). *Clases y objetos.*	`class Persona:` `    pass`

continue	continuar	Salta al siguiente ciclo del bucle. *Control de flujo.*	`for i in range(5):`
			`    if i == 2:`
			`        continue`

def	definir	Define una función. *Funciones y alcance.*	`def saludar():` `    print('Hola')`
del	eliminar	Elimina una variable u objeto. *Clases y objetos.*	`del lista[0]`

elif	si no, si	Evalúa otra condición si la primera no se cumple. *Control de flujo.*	`if x < 0:`
			`    print('Negativo')`
			`elif x == 0:`
			`    print('Cero')`

else	si no	Define un bloque de código si la condición es falsa. *Control de flujo.*	`if x > 0:`
			`    print('Positivo')`
			`else:`

Palabra clave	Significado en español	Explicación	Ejemplo
			`print('No positivo')`
except	excepto	Maneja excepciones (errores). *Manejo de errores.*	```try: 1/0 except: print("Error")```
False	Falso	Valor booleano falso. *Valores especiales.*	`activo = False`
finally	finalmente	Bloque que se ejecuta sin importar qué. *Manejo de errores.*	```try: x = 1 finally: print('Listo')```
for	para	Bucle que recorre una secuencia. *Control de flujo.*	```for i in range(3): print(i)```
from	de	Importa parte de un módulo. *Módulos.*	`from math import pi`
global	global	Declara una variable global dentro de una función. *Funciones y alcance.*	`global contador`
if	si	Ejecuta un bloque si se cumple una condición. *Control de flujo.*	```if x > 10: print('Mayor que 10')```
import	importar	Importa módulos externos. *Módulos.*	`import sys`
in	en	Comprueba si un valor está en una secuencia. *Lógica booleana.*	```if 'a' in 'manzana': print('Está')```
is	es	Comprueba si dos objetos son el mismo. *Lógica booleana.*	```if a is b: print('Son iguales')```
lambda	función anónima	Crea una función pequeña y anónima. *Funciones y alcance.*	`doble = lambda x: x * 2`
match	coincidir	Inicia una estructura de control para comparar un valor contra múltiples patrones. Similar a switch en otros lenguajes. *Control de flujo.*	```match color: case "rojo": print("Alto")```
None	Ninguno	Representa la ausencia de valor o un resultado vacío. *Valores especiales.*	`resultado = None`
nonlocal	no local	Declara una variable de un ámbito exterior. *Funciones y alcance.*	```def exterior(): x = 'local' def interior(): nonlocal x x = 'modificado'```
not	no	Invierte una condición lógica. *Lógica booleana.*	```if not activo: print('Inactivo')```

Palabra clave	Significado en español	Explicación	Ejemplo
or	o	Devuelve True si al menos una condición es verdadera. *Lógica booleana.*	```if x > 1 or y > 1: print('Una se cumple')```
pass	pasar	No hace nada (instrucción vacía). *Control de flujo.*	```if True: pass```
raise	lanzar	Lanza una excepción (error). *Manejo de errores.*	```raise ValueError('Error')```
return	devolver	Devuelve un valor desde una función. *Funciones y alcance.*	```def sumar(a, b): return a + b```
True	Verdadero	Valor booleano verdadero. *Valores especiales.*	```es_admin = True```
try	intentar	Intenta ejecutar un bloque de código con manejo de errores. *Manejo de errores.*	```try: f = open('data.txt')except: print('Error')```
while	mientras	Ejecuta un bucle mientras se cumpla una condición. *Control de flujo.*	```while x < 5: print(x)```
with	con	Maneja contexto de recursos como archivos. *Archivos y context.*	```with open('archivo.txt') as f: datos = f.read()```
yield	ceder	Devuelve un valor desde un generador. *Funciones y alcance.*	```def get_numbers(): yield 1 yield 2for num in get_numbers(): print(num)```

GLOSARIO

Clase base abstracta: Módulo de Python que proporciona la infraestructura para definir clases y métodos abstractos. (cap. 6)

Clase abstracta: Una clase que no puede instanciarse por sí misma y que está diseñada para ser subclasificada. Las clases abstractas suelen contener uno o más métodos abstractos. (cap. 6)

Método abstracto: Método declarado en una clase abstracta pero que no tiene implementación. Las subclases de la clase abstracta deben proporcionar una implementación para el método abstracto. (cap. 6)

API: Interfaz de programadores de aplicaciones. Conjunto de reglas y protocolos que permiten a diferentes aplicaciones informáticas comunicarse e interactuar entre sí. (cap. 7)

Operadores aritméticos: Símbolos que representan operaciones matemáticas básicas, como +, -, *, / y **. (cap. 2)

BASH: Ver símbolo del sistema (cap. 1)

BeautifulSoup: Una biblioteca para el análisis sintáctico de documentos HTML y XML, que proporciona modismos pythónicos para iterar, buscar y modificar el árbol de análisis sintáctico, facilitando la extracción de información de páginas web. (cap. 8)

Booleano: Tipo de datos que puede contener uno de dos valores: Verdadero o Falso. Ejemplo: is_python_fun = True (cap. 1)

Declaración break: Sale de un bucle. (cap. 3)

Botón: Un botón es un widget en Tkinter que los usuarios pueden pulsar para desencadenar acciones. Es crucial para crear aplicaciones interactivas. (cap. 7)

Función Callback: Una Función Callback en Tkinter es una función que es llamada cuando ocurre un evento específico, como el clic de un botón. (cap. 7)

Clase Infantil: Véase la subclase (cap. 6)

Clase: Un plano o plantilla para crear objetos. Define un conjunto de atributos (propiedades) y métodos (comportamientos) que tendrán los objetos creados a partir de la clase. (cap. 6)

Símbolo del sistema: Una interfaz basada en texto utilizada para ejecutar comandos en el sistema operativo. Ejemplo: Símbolo del sistema en Windows, Terminal en macOS y Linux. (cap. 1)

Operadores de comparación: Símbolos que comparan dos valores, devolviendo un resultado booleano, como ==, !=, >, = y <=. (cap. 2)

Compilador: Herramienta que traduce un programa escrito en un lenguaje de alto nivel a código máquina, que el procesador de la computadora puede ejecutar directamente. (cap. 1)

Composición: Principio según el cual los objetos se construyen utilizando otros objetos, lo que permite crear estructuras complejas combinando otras más sencillas. Implica incluir instancias de otras clases como atributos dentro de una clase. (cap. 6)

Concatenar: La operación de unir dos cadenas utilizando el operador +. Ejemplo: "¡Hola, " + "Mundo!" da como resultado "¡Hola, Mundo!". (cap. 1)

sentencia continue: Salta la iteración actual de un bucle. (cap. 3)

Estructura de control: Bloque de programación que determina el flujo de control en función de condiciones especificadas, incluidas las sentencias if, elif, else. (cap. 2)

CRUD: Acrónimo de Create (crear), Read (leer), Update (actualizar) y Delete (eliminar), que representa las operaciones básicas que se realizan con los datos en una base de datos o un sistema similar. (cap. 7)

Archivo CSV: Comma-Separated Values (valores separados por comas). Formato de texto sencillo para almacenar datos tabulares en el que cada línea representa un registro de datos y cada registro consta de campos separados por comas. (cap. 5)

Ciencia de datos : Es un campo interdisciplinar que utiliza métodos, algoritmos y sistemas científicos para extraer conocimientos e ideas de datos estructurados y no estructurados. Incluye la recopilación, limpieza, análisis y visualización de datos para fundamentar la toma de decisiones.

Tipo de datos: Clasificación que especifica qué tipo de valor puede contener una variable en programación, como entero, flotante, cadena o booleano. (cap. 2).

Botón Predeterminado: El Botón Predeterminado en un cuadro de mensaje de Tkinter es el botón que se preselecciona cuando aparece el cuadro de mensaje, el cual puede ser activado presionando la tecla Enter. (cap. 7)

Diccionario: Colección de pares clave-valor. (cap. 3)

Django: Un marco web de alto nivel que fomenta el desarrollo rápido y el diseño limpio y pragmático, incluyendo características integradas como la autenticación, una interfaz de administración y un ORM para interacciones con bases de datos. (cap. 8)

Duck Typing : Un concepto en lenguajes de tipado dinámico como Python donde el tipo de un objeto se determina por su comportamiento (métodos y propiedades) en lugar de su clase explícita. Sigue "Si parece un pato y grazna como un pato, debe ser un pato". (cap. 6)

Tipado dinámico: Una característica de Python donde el tipo de una variable se interpreta en tiempo de ejecución, lo que significa que no tienes que declarar el tipo de una variable explícitamente. (cap. 1)

Encapsulación: El concepto de agrupar datos y métodos que operan sobre esos datos dentro de una única unidad o clase. La encapsulación también implica ocultar el estado interno y requerir que toda interacción se realice a través de los métodos de un objeto. (cap. 6)

Entrada: Una Entrada es un widget en Tkinter que permite a los usuarios introducir una sola línea de texto. Se utiliza comúnmente en formularios y escenarios de entrada de datos. (cap. 7)

Variable de entorno: Una variable fuera del programa Python que puede afectar al comportamiento de los procesos en ejecución. A menudo se utiliza para establecer rutas y otros ajustes de todo el sistema. Ejemplo: PATH en el entorno del sistema operativo. (cap. 1)

Bucle de eventos: El bucle de eventos es un bucle en programación GUI que espera y envía eventos o mensajes en un programa. En Tkinter, root.mainloop() inicia el bucle de eventos, permitiendo a la aplicación responder a las acciones del usuario. (cap. 7)

Declaración except: Ver try/except/finally

Manejo de archivos: El proceso de abrir, leer, escribir y cerrar archivos en un lenguaje de programación. (cap. 5)

filtro Función: Construye una lista a partir de aquellos elementos de la lista de entrada para los que una función devuelve verdadero. (cap. 4)

Declaración finally: Ver try/except/finally

Flask: Un microframework que proporciona lo esencial para iniciarse en el desarrollo web sin imponer restricciones en la estructura de la aplicación, lo que lo hace ideal para proyectos más pequeños o para desarrolladores que desean un mayor control. (cap. 8)

Flotante: Tipo de datos que representa números con un componente fraccionario, denotado por un punto decimal. Ejemplo: 3,14, 0,923 (cap. 1)

Bucle For: Itera sobre una secuencia. (cap. 3)

Método format(): Un método para formatear cadenas en Python, que permite insertar variables y expresiones en cadenas utilizando llaves {} como marcadores de posición. (cap. 2)

Marco: Un marco es un widget contenedor en Tkinter que puede contener y organizar otros widgets. Es útil para diseños complejos y para agrupar elementos relacionados. (cap. 7)

F-Cadena: Un literal de cadena formateado en Python, introducido en Python 3.6, que permite incrustar expresiones dentro de cadenas de texto, usando llaves {}. (cap. 2)

Función: Bloque de código organizado y reutilizable que realiza una única acción. Las funciones pueden recibir entradas (argumentos) y devolver una salida (resultado). Ejemplo: def saludar(name): return "Hola " + name (ch. 1)

Variable global: Una variable que es accesible desde cualquier parte del código. (cap. 4)

Cuadrícula: El método grid() de Tkinter coloca los widgets en una cuadrícula de filas y columnas, proporcionando diseños más complejos. (cap. 7)

GUI: La interfaz gráfica de usuario (GUI) es un tipo de interfaz de usuario que permite a los usuarios interactuar con dispositivos electrónicos a través de iconos gráficos e indicadores visuales, en contraposición a las interfaces basadas en texto. (cap. 7)

IDE (Entorno de desarrollo integrado): Una aplicación de software que proporciona a los programadores informáticos completas facilidades para el desarrollo de software. Un IDE suele incluir un editor de código, un depurador y herramientas de automatización de la compilación. Ejemplo: PyCharm, Visual Studio Code, Jupyter Notebook (cap. 1)

Inmutabilidad: Propiedad de los tipos de datos cuyo valor no puede modificarse después de su creación, como ocurre con las cadenas y las tuplas. (cap. 2)

Sangría: El uso de espacios en blanco (espacios o tabuladores) al principio de las líneas para definir el nivel de anidamiento y estructura en el código Python. (cap. 2)

Herencia: Mecanismo por el cual una clase (subclase o clase hija) hereda atributos y métodos de otra clase (superclase o clase padre). Permite reutilizar código y crear una relación jerárquica entre clases. (cap. 6)

Archivo INI: Un archivo de texto simple con una estructura básica compuesta de secciones, propiedades y valores, comúnmente utilizado para ajustes de configuración. (cap. 5)

Función de entrada: Una función incorporada en Python que permite al programa recibir entradas del usuario. Ejemplo: nombre_usuario = input("¿Cuál es tu nombre? ") (ch. 1)

Entero: Tipo de datos que representa números enteros sin componente fraccionario. Ejemplo: 10, -3 (cap. 1)

Intérprete: Programa que lee y ejecuta código escrito en un lenguaje de programación. El intérprete de Python lee y ejecuta el código Python línea por línea. (cap. 1)

JSON: JavaScript Object Notation. Formato ligero de intercambio de datos fácil de leer y escribir para los humanos y fácil de analizar y generar para las máquinas. (cap. 5)

#Borrado

Etiqueta: Una etiqueta es un widget en Tkinter utilizado para mostrar texto o imágenes. A menudo se utiliza para proporcionar información al usuario. (cap. 7)

Función lambda: Una función anónima definida utilizando la palabra clave lambda. (cap. 4)

Gestor de diseño: Layout Managers en Tkinter (como pack(), grid(), y place()) son usados para controlar el posicionamiento y tamaño de los widgets dentro de una ventana. (cap. 7)

Lista: Colección ordenada de elementos. (cap. 3)

Variable local: Variable que solo es accesible dentro de la función o bloque donde está definida . (cap. 4)

Operadores lógicos: Operadores que combinan múltiples expresiones o valores booleanos, incluyendo y, o, y no. (cap. 2)

Bucle: Estructura de control que ejecuta repetidamente un bloque de código. (cap. 3)

Función map: Aplica una función dada a todos los elementos de una lista de entrada. (cap. 4)

Cuadro de Mensajes: Un cuadro de mensaje es un cuadro de diálogo emergente en Tkinter utilizado para mostrar mensajes al usuario. Pueden ser mensajes informativos, de advertencia o de error, y también pueden pedir la confirmación del usuario. (cap. 7)

Sobrecarga de métodos: Una característica de la programación orientada a objetos en la que una subclase proporciona una implementación específica de un método que ya está definido en su superclase. El método sobreescrito en la subclase tiene el mismo nombre y los mismos parámetros que el método de la superclase. (cap. 6)

Módulo: Un archivo que contiene definiciones y sentencias de Python. (cap. 4)

Bucle anidado: Un bucle dentro de otro bucle. (cap. 3)

NumPy: El paquete fundamental para la computación numérica en Python, que soporta arrays, matrices y muchas funciones matemáticas para operar sobre estas estructuras de datos. (cap. 8)

Objeto: Una instancia de una clase que encapsula datos y funcionalidad. Los objetos son las entidades reales que se manipulan en la programación orientada a objetos. (cap. 6)

POO: Programación Orientada a Objetos. Paradigma de programación que utiliza objetos y clases para estructurar el software de forma que modele entidades del mundo real y sus interacciones. (cap. 6)

Empaquetar: El método pack() de Tkinter ordena los widgets en bloques antes de colocarlos en el widget padre. Puede organizar los widgets horizontal o verticalmente. (cap. 7)

Paquete: Conjunto de módulos relacionados. (cap. 4)

Pandas: Una potente librería para la manipulación y análisis de datos, que proporciona estructuras de datos como DataFrames para trabajar con datos estructurados de forma fácil y eficiente. (cap. 8)

Clase padre: Véase Superclase (cap. 6)

Colocar: El método place() en Tkinter permite un control preciso del posicionamiento del widget usando coordenadas x e y. (cap. 7)

Polimorfismo: La capacidad de diferentes clases para responder a la misma llamada de método de maneras diferentes, pero relacionadas. Permite que objetos de clases diferentes sean tratados como objetos de una superclase común. (cap. 6)

Imprimir Función: Una función incorporada en Python que envía texto u otros datos a la consola. Ejemplo: print("¡Hola, mundo!") (cap. 1)

pyalgotrade: Una librería Python para backtesting de estrategias de trading. (cap. 8)

Pygame: Conjunto de módulos de Python diseñados para escribir videojuegos, que incluye librerías de gráficos por ordenador y sonido. (cap. 8)

PyQt: Un conjunto de enlaces de Python para las bibliotecas Qt utilizadas para crear aplicaciones multiplataforma con un aspecto nativo. (cap. 8)

Python: Lenguaje de programación interpretado de alto nivel conocido por su legibilidad y versatilidad. Python admite múltiples paradigmas de programación, incluida la programación procedimental, orientada a objetos y funcional. (cap. 1)

Script de Python: Un archivo que contiene una serie de comandos de Python que pueden ejecutarse como un programa. (cap. 1)

PyTorch: Una biblioteca de aprendizaje automático de código abierto basada en la biblioteca Torch, que proporciona una interfaz flexible y dinámica para construir redes neuronales. (cap. 8)

QuantLib: Una biblioteca de finanzas cuantitativas que proporciona herramientas para valorar derivados, gestionar carteras, etc. (cap. 8)

Scikit-learn: Una biblioteca para el aprendizaje automático que proporciona herramientas sencillas y eficientes para la minería y el análisis de datos, basada en NumPy, SciPy y Matplotlib. (cap. 8)

SciPy: Una biblioteca de Python utilizada para la computación científica y técnica, basada en NumPy y que proporciona muchas funciones que operan con matrices NumPy. (cap. 8)

Ámbito: La región de un programa donde una variable está definida y accesible. (cap. 4)

Script: Un archivo que contiene una serie de comandos que pueden ejecutarse como un programa. Ver Script Python (cap. 1)

Selenium: Herramienta para automatizar navegadores web, útil para pruebas automatizadas de aplicaciones web o para el scraping de datos de sitios web. (cap. 8)

Conjunto: Colección desordenada de elementos únicos. (cap. 3)

Shell: Véase Símbolo del sistema (cap. 1)

Socket: Una interfaz de red de bajo nivel en Python que proporciona acceso a la interfaz de socket BSD, permitiendo la creación de conexiones de red y la transferencia de datos entre servidores y clientes. (cap. 8)

sorted Función: Devuelve una nueva lista ordenada a partir de los elementos de cualquier iterable. (cap. 4)

SQL: Lenguaje de consulta estructurado. Lenguaje de programación estándar diseñado específicamente para gestionar y manipular bases de datos relacionales. SQL se utiliza para consultar, insertar, actualizar y eliminar datos, así como para crear y modificar la estructura de los sistemas de bases de datos. (cap. 7)

Cadena: Secuencia de caracteres utilizada para representar texto en un programa. Las cadenas van entre comillas simples o dobles. Ejemplo: "¡Hola, mundo!" (cap. 1)

Subclase: Clase que hereda atributos y métodos de otra clase (superclase o clase padre). (cap. 6)

Función super(): Función utilizada en una subclase para llamar a un método de su superclase. A menudo se utiliza para ampliar o modificar el comportamiento de los métodos heredados. (cap. 6)

Superclase: Clase cuyos atributos y métodos son heredados por otras clases (subclases o clases hijas). (cap. 6)

Sintaxis: Conjunto de reglas que definen las combinaciones de símbolos que se consideran un programa correctamente estructurado en un lenguaje de programación. (cap. 1)

TensorFlow: una plataforma integral de código abierto para el aprendizaje automático que ofrece un completo ecosistema de herramientas, bibliotecas y recursos comunitarios. (cap. 8)

Terminal: Véase el símbolo del sistema (cap. 1)

Expresión condicional ternaria: Abreviatura de una sentencia if-else que devuelve un valor en función de una condición. (cap. 2)

Texto: Un widget de Texto en Tkinter permite la introducción de texto multilínea. Es versátil para la entrada de usuario y es ideal para aplicaciones que requieren una entrada de datos extensa. (cap. 7)

Archivo de texto: Archivo que contiene texto sin formato y puede abrirse y editarse con editores de texto. (cap. 5)

Tkinter: Tkinter es el conjunto de herramientas GUI (Graphical User Interface) estándar de Python . Permite a los desarrolladores de Python crear ventanas, botones, campos de texto y otros widgets para crear aplicaciones interactivas . (cap. 7)

try/except/finally: Una construcción en Python utilizada para manejar excepciones y asegurar que el código de limpieza se ejecuta independientemente de si se produjo una excepción. (cap. 5)

Tupla: Colección ordenada e inmutable de elementos. (cap. 3)

Conversión de tipos: Proceso de conversión de un tipo de datos a otro, como la conversión de una cadena a un número entero (cap. 2).

Variable: Ubicación con nombre en la memoria utilizada para almacenar datos que pueden modificarse durante la ejecución del programa. Ejemplo: x = 10 (cap. 1, 2)

Desarrollo web: El proceso de creación de sitios o aplicaciones web. Python se utiliza a menudo en el lado del servidor para manejar la lógica del backend, las interacciones con la base de datos y la configuración del servidor. Frameworks populares incluyen Django y Flask. (ch. 8)

Bucle While: Se repite mientras una condición sea verdadera. (cap. 3)

Widget: Un widget es un elemento de una interfaz gráfica de usuario, como un botón, una etiqueta, un campo de texto o un deslizador, con el que los usuarios pueden interactuar. (cap. 7)

con Declaración: Una estructura de flujo de control en Python que asegura la correcta adquisición y liberación de recursos, tales como manejadores de archivos. (cap. 5)

Archivo XML: eXtensible Markup Language. Lenguaje de marcado que define un conjunto de reglas para codificar documentos en un formato legible tanto por humanos como por máquinas. (cap. 5)

Archivo YAML: YAML Ain't Markup Language. Un estándar de serialización de datos legible por humanos, ideal para archivos de configuración y procesamiento de datos, conocido por su legibilidad y soporte para estructuras de datos complejas. (cap. 5)

Más de Wizardry Press

Unlocking Artificial Intelligence for Entrepreneurial Success!

Descubra cómo la IA puede revolucionar su negocio con esta guía práctica diseñada para pequeñas empresas y emprendedores. Repleto de guías prácticas, ejercicios y ejemplos reales, este libro desmitifica la IA y te permite aprovechar herramientas como ChatGPT para ahorrar tiempo, despertar la creatividad e impulsar el crecimiento. Tanto si está automatizando el servicio de atención al cliente, perfeccionando estrategias de marketing o explorando ideas innovadoras, este libro ofrece pasos prácticos para integrar la IA en su flujo de trabajo. Accesible y atractivo, es el kit de herramientas definitivo para transformar su negocio con el poder de la IA.

Guía Absoluta para Principiantes: Programación en Python

Sumérjase en el mundo de la programación con esta completa y atractiva guía de Python, diseñada para lectores sin experiencia previa en programación. Desde la configuración de su primer entorno Python hasta la realización de proyectos reales como la creación de juegos, la gestión de datos y la creación de interfaces gráficas de usuario, este libro hace que el aprendizaje de Python sea accesible y divertido. Con explicaciones claras, ejercicios prácticos y proyectos prácticos, desarrollarás las habilidades básicas de programación y las mejores prácticas que te prepararán para el éxito. Tanto si exploras la programación como hobby como si quieres dar un impulso a tu carrera profesional, esta guía te proporciona la hoja de ruta perfecta para dominar Python. Disponible en español, inglés e hindi.

Complete Career Guide for Entry-Level Software Engineers

Navegue por el desafiante pero gratificante camino de una carrera en ingeniería de software con esta guía todo en uno diseñada para profesionales principiantes. Desde el dominio de los fundamentos de la programación y la comprensión de las tendencias del sector hasta el desarrollo de habilidades interpersonales, la superación de entrevistas y el éxito en su primer trabajo, este libro te proporciona las herramientas necesarias para alcanzar el éxito. Con ejercicios prácticos, opiniones de expertos y consejos prácticos, aprenderás a construir una base sólida, crear aplicaciones sobresalientes y crecer a largo plazo en el mundo de la tecnología. Tanto si acabas de empezar como si quieres perfeccionar tu estrategia profesional, esta guía es tu hoja de ruta definitiva.

Guía del principiante absoluto en bases de datos SQL

Domine los fundamentos de SQL y desbloquee el poder de las bases de datos relacionales con esta guía práctica diseñada para principiantes absolutos. Ya sea que sea un aspirante a analista de datos, un profesional de TI o un aprendiz curioso, este libro lo guía paso a paso para configurar bases de datos, escribir consultas eficientes y evitar errores comunes. Aprenda a crear tablas, gestionar relaciones entre datos y aprovechar funciones avanzadas de SQL como las uniones, los CTEs y la optimización de consultas. Repleto de ejemplos del mundo real, ejercicios prácticos y recomendaciones de buenas prácticas, esta guía le brindará la confianza para manejar datos y aplicar SQL para resolver desafíos cotidianos.

Esta guía es perfecta para cualquiera que desee construir una base sólida en la gestión de bases de datos.

(Próximamente)

Para más información, envíe un correo electrónico a info@wizardrypress.com **.**

ÍNDICE

www.ingramcontent.com/pod-product-compliance
Lightning Source LLC
Chambersburg PA
CBHW050748100426
42744CB00012BA/1928